W0062781

HÄDECKE

Türkisch
vegetarisch

Türkisch vegetarisch

Derya Semra Uzun-Önder

HÄDECKE

Danksagung

Bei der Entstehung dieses Buches möchte ich mich zuallererst bei meiner Mutter bedanken für alles, was sie mir mit auf den Weg gegeben hat, bei meiner Schwester Fatma Uzun, die mich dem Hädecke Verlag vorgestellt hat, bei meiner Familie und meinen Freunden für Rat und Tat, insbesondere bei meinen Freundinnen Kerstin Mischke und Mihriban Basar für ihre Unterstützung. Ein ganz besonderer Dank gebührt Yılmaz Doğan und seinem Chefkoch Fehmi Koç vom Restaurant Tablo in Essen, sie standen mir mit wichtigen Informationen und Tipps zur Seite. Und zu guter Letzt einen ganz herzlichen Dank an Frau Graff und den Hädecke Verlag für die wunderbare Zusammenarbeit und Unterstützung. Die Redaktion dankt dem Generalkonsulat der Türkei, Frankfurt, für die Unterstützung beim Bildmaterial. Weitere Informationen über das Reiseland Türkei unter: www.goturkey.com.

Teşekkür

Bu kitabın gerçekleşmesinde katkıda bulunan insanlara ve öncelikle anneme çok teşekkür etmek istiyorum, bugüne kadar öğrendiklerimin hepsini ona borçluyum ayrica kardşim Fatma Uzun'a beni Hädecke yayın evi ile tanıştırdığı için, aileme ve arkadaşlarıma bana verdikleri destekten dolayı çok teşekkür ederim, özellikle Kerstin Mischke'ye ve Mihriban Başar'a. Ayrıca Restaurant Tablo'nun sahibi Yılmaz Doğan'a ve başaşçısı Fehmi Koç'a bana verdiği destekten, ayırdığı zamandan ve değerli bilgilerini benimle paylaştığından dolayı çok teşekkür ederim. Son olarak bayan Graff'a ve Hädecke yayın evine bana sundukları bu güzel imkandarı dolayı çok teşekkür ederim. Hädecke yayın evi redaksiyonu Frankfurt Başkonsolosluğuna fotoğraf konusunda bize yardımcı olduğundan dolayi teşekkür eder.

Fotos: Klaus Arras, Köln (Titelbild, Umschlagrückseite Mitte sowie Seiten 37, 45, 54, 60, 63, 65, 70, 73, 78, 85, 90 und 97); Derya Semra Uzun-Önder, Essen (Seiten 7 li., 8/9, 20, 22, 23, 33 re., 39, 46 re., 75 re., 83, 86/87, 103, Umschlagklappe); Kultur- und Tourismusministerium, Ankara (Seiten 6, 7 re., 13, 17–19, 21, 25–29, 32, 33 li., 40–43, 47, 49–53, 57–59, 66, 68/69, 75 li., 76, 80/81, 92–94, 98–101, 104–108 und Umschlagrückseite li. und re.); Hädecke Archiv, Weil der Stadt (Seiten 46 li., 48); www.istock.com (Vignetten, Schmuckleiste, Seite 11: Serdar Yagci, Seite 12: Marie Fields, Seite 14/15: Hazlan Abdul Hakim, Seite 24: Paul Cowan, Seite 30/31: Cenk Unver, Seite 34/35: Holger Mette und Seite 67: Peter Eckhardt).

© Walter Hädecke Verlag, D-71263 Weil der Stadt, 2008.
Nachdruck, auch auszugsweise, nur mit Genehmigung des Verlages.
Alle Rechte vorbehalten, insbesondere die der Übersetzung, der Übertragung durch Druck-, Bild- oder Tonträger, des Vortrags und der Fotokopie. Eine Übernahme der in diesem Werk mitgeteilten Informationen auf Datenträger und in Datensysteme sowie deren Verbreitung in digitaler Form ist ohne Genehmigung des Verlages unzulässig.

Lektorat: Monika Graff
Gesamtgestaltung: Julia Graff, Design & Produktion, Düsseldorf (nach einer Vorlage von Juscha Deumling, JAM Büro für Art & Design, München)
Satz: ES Typo-Graphic, Ellen Steglich, Stuttgart
Reproduktion: LUP AG, Hürth
Druck: Stürtz, Würzburg
Printed in EU 2008
ISBN 978-3-7750-0534-0
www.haedecke-verlag.de
4 3 2 1 | 2008 2009 2010 2011

Abkürzungen

kg = Kilogramm (1000 g)
g = Gramm
l = Liter (1000 ml)
ml = Milliliter
EL = Esslöffel
TL = Teelöffel
Msp = Messerspitze
cm = Zentimeter (1/100 Meter)

Inhalt

Einleitung

Von vielen Kennern wird die Kochkunst in der Türkei – neben der chinesischen und französischen – als eine der besten und abwechslungsreichsten Küchen der Welt bezeichnet. Die Gerichte sind so vielfältig, dass man an jedem Tag eines Jahres ein neues Menü mit mehreren Gängen kreieren könnte. Und wer schon einmal in der Türkei oder bei türkischen Freunden zu Gast gewesen ist, konnte vielleicht bemerken, dass hier nicht nur die Zubereitung der Gerichte sehr fantasievoll ist, sondern auch deren Namen. »Der Imam ist in Ohnmacht gefallen« – *Imam bayıldı,* »Die Lippen einer schönen Frau« – *Dilber Dudağı* oder Ähnliches finden sich auf jeder türkischen Speisekarte.

Betrachtet man die geografische und die klimatische Beschaffenheit des Landes genauer, wird ersichtlich, dass das Land ausgezeichnete Voraussetzungen für verschiedene kulinarische Köstlichkeiten bietet. Die Türkei ist in sieben geografische Regionen aufgeteilt, von der Marmara- über die Schwarzmeerregion bis hin zum Gebiet Südostanatoliens, und sie erstreckt sich über drei verschiedene Klimazonen, die euro-sibirische, mediterrane und die iranisch-taurische Klimazone, die eine außerordentliche Vielfalt der Vegetation mit Wüsten, Hochgebirgen, Küstenebenen, Wäldern und Weidegebieten in sich bergen, in denen unterschiedliche Obst-, Gemüse- und Getreidesorten sowie Nüsse gedeihen.

Zudem trug die Geschichte des Landes dazu bei, dass sich die türkische Küche zu einem Sammelbecken vieler kultureller und kulinarischer Einflüsse entwickelte. Um 2000 v. Chr. lebten und herrschten auf dem Gebiet der heutigen Türkei die Hethiter, gefolgt von vielen anderen Kulturen und Zivilisationen wie der phrygischen und der lydischen sowie dem hellenistischen, römischen und byzantinischen Zeitalter.

Als die türkischen Urstämme von Zentralasien und Westchina aus ihre Eroberungsfeldzüge starteten, pflegten sie bereits wirtschaftliche Beziehungen zu China, Persien und Indien. Angefangen mit den Seldschuken und gefolgt von den Osmanen kamen die ersten Türken über Persien und Mesopotamien nach Westen. Sie belagerten im 12. Jahrhundert den Bosporus und herrschten im 16. Jahrhundert über ein Staatsgebiet, das von Marokko bis Indien und vom Jemen bis vor Wien reichte. Es war zu dieser Zeit von Sarajewo bis China keine andere Sprache als die türkische notwendig, um sich zu verständigen.

Aufgrund der Religionsfreiheit, die im Osmanischen Reich herrschte, fanden hier viele vertriebene und verfolgte Menschen eine neue Heimat und brachten ihre jeweiligen kulinarischen Traditionen, allerlei Gerichte, Zutaten, Kräuter, Gewürze und Zubereitungsarten in die türkische Küche ein. Besonders an religiösen Feiertagen wurden wahre Hochgenüsse zelebriert. Während sich zu Ostern und Weihnachten die griechischen, armenischen

und syrischen Christen an Delikatessen überboten, kreierten die Juden an ihren Feiertagen kulinarische Gaumenfreuden und die Muslime während der Zeit des Ramadans und des Opferfestes.

Die vielen Einflüsse, Kochtraditionen, Zutaten, Zubereitungsarten und das reiche Angebot aus Feldern, Wäldern, Wiesen und Weiden des fruchtbaren Landes führten über die Jahrhunderte, besonders geprägt von der osmanischen Kultur und Lebensweise, zur heutigen charakteristischen türkischen Küche – und machen sie so einzigartig und abwechslungsreich.

Auch wenn es bei uns weniger bekannt ist: Für Vegetarier ist die Türkei das reinste Paradies! Unzählige Vorspeisen und Gerichte kommen ganz ohne Fleisch aus. Entgegen der gängigen Vorstellung, dass in der türkischen Küche Fleischgerichte dominieren, hat die vegetarische Kochkunst eine lange und bewährte Tradition. Das ist auch der Grund, warum ich mich entschlossen habe, dieses Kochbuch zu schreiben. Es liegt mir daran, einen kleinen Beitrag zu leisten, dass die türkische Küche sich von ihrem oft ausschließlich auf *Döner* und *Kebap* reduzierten Image befreit.

Frisches Gemüse, Obst, aromatische Kräuter und Getreide stehen täglich auf dem Speiseplan. Salate gehören zwingend als Beilage zu jedem Essen oder werden mit Bohnen oder Kichererbsen erweitert als Hauptgericht angeboten. Auberginen, Tomaten, Zucchini, Zwiebeln und Bohnen sind allgegenwärtig, aber auch »exotische« Gemüse wie Artischo-

cken, Avocados und vieles mehr werden auf vielfältige Weise verwendet. Gemüse wird in der türkischen Küche auf alle erdenklichen Arten zubereitet: gedünstet, gebraten, frittiert, gekocht, mit Joghurt serviert oder mit Reis gefüllt, es wird mariniert, kalt und warm gegessen. Außerdem kommt Gemüse als Hauptspeise oder Beilage auf den Tisch oder dominiert in Form von köstlichen Vorspeisen (*Meze*) die Tafeln, die häufig so üppig sind, dass sie zum längeren Verweilen einladen. Obst wird überwiegend zwischendurch oder als Dessert gegessen. Frische Kräuter und Gewürze verfeinern die diversen Speisen und verhelfen ihnen zu besonderem Wohlgeschmack. Getreide ist in Form von Bulgur oder Reis in der türkischen Küche stets präsent. Es dient zudem der Zubereitung einer Vielzahl von Backwaren wie Brot oder Teigfladen. Es macht keinen Unterschied, ob im Restaurant oder zu Hause gegessen wird: Ein Essen, zu dem kein Brot gereicht wird, ist undenkbar.

Alle Rezepte sind – soweit nicht anders vermerkt – für vier Personen berechnet.

Ich wünsche Ihnen einen guten Appetit – *Afiyet olsun!* Ihre Derya Semra Uzun-Önder

ZERKAVI ÜZÜM
24.00
2,40

ÜRÜN ADI:
KARIŞIK MEYVE KURUSU
Y.T.L: 24.—
Ürünü Firma Adı: Malatya
Adres
Ürünün Yeri

Warenkunde

Ön Hazırlık
Grundrezepte

Viele Lebensmittel, die für gewöhnlich in türkischen Lebensmittelläden oder Supermärkten gekauft werden können, werden in türkischen Haushalten oft selbst gemacht. Dazu gehören unter anderem das Ansetzen von Joghurt, die Herstellung von Tomatenmark, das Einlegen von allerlei Gemüse und die Zubereitung von Yufkateig.

Yoğurt – Joghurt

Joghurt ist ein wesentlicher Bestandteil der türkischen Küche. Es gibt zwei Arten – Joghurt in der bekannten Konsistenz und festes *Süzme* (im türkischen Lebensmittelhandel). Verwendet wird Joghurt für alle möglichen Gerichte sowie zur Herstellung von *Ayran*, einem Joghurtmixgetränk, oder als Beilage.

1 l   Voll- oder H-Milch, nicht fettarm
2 EL frischer Naturjoghurt (Zimmertemperatur,
       nicht aus dem Kühlschrank), nicht fettarm
ein gut verschließbares, sauberes Gefäß
       (1 Liter Inhalt)
ergibt 1 kg Joghurt

1 Milch auf Körpertemperatur in einem Topf erhitzen und in das Gefäß umschütten.
2 Der Naturjoghurt dient als Startmittel für den Umwandlungsprozess. Zunächst Joghurt mit etwas warmer Milch gut vermischen, dann in die restliche warme Milch einrühren.
3 Gefäß schließen und in eine Wolldecke oder mehrere Handtücher fest einwickeln, damit die Milch einige Zeit warm bleibt und erst nach und nach abkühlt. Umwickeltes Gefäß anschließend an einem warmen Ort 6–8 Stunden stehen lassen, bis sich die Milch in Joghurt verwandelt hat.
4 Fertigen Joghurt in den Kühlschrank stellen, damit er richtig fest wird. Selbst gemachter Joghurt ist gut gekühlt ca. eine Woche haltbar.

Tipp

Joghurt abends ansetzen, dann ist er am nächsten Morgen fertig. Alternativ kann man auch Joghurtkulturen aus dem Reformhaus, Bioladen oder aus der Apotheke verwenden.

Domates Salçası – Tomatenmark

Tomatenmark wird für viele kalte und warme Gerichte verwendet und eignet sich hervorragend zum Würzen und Zubereiten von Suppen und Saucen. Seine Herstellung ist zwar etwas zeitaufwendig, aber es lohnt sich wegen des ausgezeichneten Geschmacks.

3 kg Fleischtomaten
1 EL Salz
ein sauberes, gut ausgekochtes, gut verschließbares Einmachglas (1 Liter Inhalt)
ergibt 500 g Tomatenmark

1 Tomaten waschen, die Haut am Stielansatz über Kreuz leicht einschneiden und die Tomaten kurz in strudelndes Wasser tauchen. Danach lassen sie sich leicht häuten. Die Haut von den Tomaten abziehen, die geschälten Tomaten vierteln, den Stielansatz und die Kerne entfernen.
2 Das Tomatenfleisch in einem Mixer pürieren. Anschließend die pürierten Tomaten in einen Topf geben, bei niedriger Temperatur im eigenen Saft einkochen lassen und immer wieder umrühren, damit nichts anbrennt. Die Tomatenmasse so lange einkochen, bis sie die Konsistenz von Tomatenmark annimmt; dabei verdunkelt sich auch leicht die Farbe.
3 Das Tomatenmark salzen, verrühren und zum Abkühlen von der Kochstelle nehmen.
Das abgekühlte Tomatenmark in das Glas abfüllen.

Selbst gemachtes Tomatenmark ist bei kühler Lagerung ungeöffnet ca. 6 Monate haltbar, geöffnet sollte es im Kühlschrank maximal für 3 Wochen gelagert werden.

Yufka hamuru – Yufkateig

Yufka ist eine Art Strudelteig. Er wird für die Herstellung verschiedener Backwaren verwendet. Außerdem kann man *Yufka* mit allem füllen, worauf man Appetit hat: Gemüse, Salat, Käse oder Ei. Anschließend aufrollen – fertig!

In vielen Haushalten wird *Yufka* selbst hergestellt. Dazu benötigt man ein langes und dünnes Nudelholz *(Oklava)* und einen *Saç;* das ist ein spezielles Gerät mit leicht konvex gewölbter, runder Metallplatte, auf der die *Yufka* gebacken werden. Beides ist in gut sortierten türkischen Läden erhältlich. Es eignet sich aber auch eine Crêpepfanne für die Herstellung.

Fertige Yufka-Teigblätter sind ebenfalls in türkischen Lebensmittelgeschäften erhältlich. Um sie haltbarer zu machen, sind sie ganz leicht vorgebacken. Daher ist es empfehlenswert, die Teigblätter vor der Verwendung leicht anzufeuchten.

1   **kg Weizenmehl, Typ 405**
1   **l   lauwarmes Wasser**
1–1½ EL Salz
ergibt ca. 15 Yufka mit ca. 40 cm Durchmesser

1 Mehl und Salz in eine Schüssel geben, nach und nach Wasser hinzufügen und mit der Hand kneten. Man sagt im Türkischen: Der Teig muss so weich werden wie ein Ohrläppchen. Die Kunst liegt im Ausrollen des Teiges zu hauchdünnen Platten, die dann sofort gebacken werden. Das Ausrollen geschieht am besten mit dem oben beschriebenen *Oklava.* Der Profi schafft es mit nur einem Ausrollvorgang ein *Yufka* herzustellen, aber der Anfänger muss den Teig immer wieder ausrollen bis er einen Durchmesser von 30–70 cm erreicht. Das Geheimnis ist, dass der Teig so dünn sein muss, dass man durch ihn eine Zeitung lesen kann.

2 *Yufka* bei niedriger Temperatur auf einem *Saç* oder in einer Crêpepfanne backen, bis es sich leicht verfärbt. Dann kann man die *Yufka* entweder sofort verwenden oder gestapelt in einem sauberen Tuch gewickelt 2–3 Wochen aufbewahren.

Turşu – Eingelegtes Gemüse

Turşu ist die Bezeichnung für in Essig-Salz-Lake eingelegtes Gemüse. In der türkischen Küche werden alle erdenklichen Gemüse und Obstsorten eingelegt. *Turşu* wurde früher vorzugsweise im Winter aufgetischt, als es kein frisches Gemüse für Salate gab. Heute wird es das ganze Jahr über gern gegessen und auch die Gemüselake erfreut sich großer Beliebtheit; sie wird in der Türkei separat angeboten.

Das folgende Rezept zeigt eine der vielen Varianten von *Turşu* – die jeweils bevorzugten Gemüse und Früchte können auch einzeln eingelegt werden.

1 kg Weißkohl/Kabis
1 kg kleine feste Einmachgurken
1 kg Möhren
1 kg grüne Carliston Gemüsepaprika/Peperoni
   (türkische Paprikaschoten)
2 kg halbreife Tomaten
2–3 Chilischoten, nach Geschmack
250 g Knoblauch
750 g Salz
   1 l Weißweinessig
   2 l Wasser, abgekocht und abgekühlt

1 Einmachglas oder Steinguttopf
1 Teller, der in das Gefäß passt, zum Abdecken
   des Gemüses
1 Stein zum Beschweren
für ein Gefäß von 7 l Inhalt

1 Das Salz mit dem Essig vermischen.
2 Das gesamte Gemüse putzen, waschen und abtropfen lassen, den Knoblauch schälen. Den Kohl vierteln, den Strunk entfernen und die Kohlblätter in 1–2 Zentimeter dicke Streifen schneiden. Die Gurken an mehreren Stellen mit einem Zahnstocher einstechen. Die Möhren putzen, wahlweise in Scheiben oder in Stäbchen schneiden. Zusammen mit den Tomaten und den Chilischoten ebenfalls an mehreren Stellen einstechen.
3 Den Boden des Einmachglases oder Steinguttopfes mit einer Schicht Weißkohl belegen. Anschließend abwechselnd die verschiedenen Gemüsesorten einschichten, zwischendurch immer wieder Knoblauch dazugeben, bis alle Zutaten verbraucht sind und das Glas gefüllt ist.
4 Salz über das Gemüse streuen, Essig darübergießen und das Ganze 6–7 Stunden ziehen lassen.
5 Wasser hinzugießen und darauf achten, dass das gesamte Gemüse 1½–2 cm bedeckt ist; gegebenenfalls mehr Wasser aufkochen und abkühlen lassen und entsprechend nachgießen. Zuletzt den Teller auf das Gemüse legen und mit einem Stein beschweren; das Gemüse muss komplett von Flüssigkeit umgeben sein. Das Glas oder den Topf luftdicht verschließen und gekühlt 2–3 Wochen ziehen lassen.

Das so eingelegte Gemüse ist gekühlt ca. ein halbes Jahr haltbar, nach dem Öffnen sollte man darauf achten, dass man es wieder luftdicht verschließt. Geöffnet sollte es spätestens nach 3 Wochen verbraucht sein.

Je nach Saison und Geschmack können auch andere
Gemüse- oder Obstsorten verwendet werden, wie
z. B. 500 g grüne Pflaumen, 500 g Blumenkohl etc.

Zeytin – Oliven

Oliven, ob grün, rötlich oder schwarz, dürfen bei
keinem Frühstück in der Türkei fehlen. Auch hier-
zulande sind Oliven, ob pur, mariniert oder gefüllt
(mit Knoblauch, Paprika oder Mandeln), bei türkischen Familien auf einem gut gedeckten
Frühstückstisch ein Muss. Traditionell gehört die
Olive nicht nur auf jeden *Iftar*-Tisch, der zum
Fastenbrechen in der Ramadanzeit gedeckt wird,
sondern auch auf jede Rakitafel, bei der lange und
ausgiebig gegessen, musiziert und geredet wird.
Oliven eignen sich außerdem zur schmackhaften
Dekoration von Beilagen und Salaten und die grü-
nen sind sehr gesund und kalorienarm.

Zeytinyağlı baharatlı zeytin
Marinierte Oliven

> **3 Knoblauchzehen**
> **1 l Olivenöl, kalt gepresst**
> **1 EL getrocknetes Oregano**
> **1 EL getrocknete Minze**
> **6 Blätter Basilikum, gehackt**

Saft von ½ Zitrone
> **1 TL Chilipulver**

500 g schwarze Oliven
für 1 Glas von 500 g Inhalt

1 Knoblauchzehen schälen und ganz fein hacken.
2 Öl in eine Schüssel gießen, alle anderen Zutaten
dazugeben und verrühren. Die Oliven unterheben.
3 Die Oliven in das Glas geben und mit dem ge-
würzten Olivenöl auffüllen, bis die Oliven bedeckt
sind.

Tipp
Die Oliven im verschlossenen Glas einige Tage ziehen lassen und am besten dunkel lagern. Die ma-
rinierten Oliven mit einem sauberen Besteck (am
besten geeignet ist ein Plastiklöffel) aus dem Glas
entnehmen. Bei Kontakt mit Luft oder Metall fan-
gen Oliven schnell an zu schimmeln.
Die Oliven sollten immer mit Öl bedeckt sein –
dann halten sie sich monatelang, auch wenn das
Glas schon geöffnet ist.

Kiler

Die türkische Vorrats-
kammer

In der Türkei beginnt die Auswahl für die Vorratskammer bereits auf dem *Pazar,* dem Markt. Das bunte und reichhaltige Angebot legen die Händler künstlerisch aus und garnieren ihr frisches Obst und Gemüse ausgiebig mit gekonnten Worten, um die Qualität ihrer Ware anzupreisen. Ein wesentliches Merkmal ist, dass man auf türkischen Märkten mit der Hand die Qualität der Ware prüfen darf. In der Regel sind in klassischen türkischen Haushalten immer so viele Vorräte und Zutaten vorhanden, dass eine Großfamilie, die spontan zu Besuch kommt, mit einem mehrgängigen Menü bewirtet werden kann. Frisches Gemüse und Obst wird auf den zahlreichen Märkten, die bis spät abends geöffnet haben, eingekauft, der Joghurt ist angesetzt, *Turşu* eingelegt, Tomatenmark gekocht, *Yufka* gebacken – die Gäste können kommen!
Alle Zutaten sind in gut sortierten türkischen Lebensmittelläden, teilweise in Reformhäusern oder Naturkostläden erhältlich.

Beyaz Fasulye – Weiße Bohnen

Weiße Bohnen gibt es getrocknet oder vorgegart in Dosen zu kaufen. Aromatischer sind die getrockneten weißen Bohnen, die für längere Zeit in kaltem Wasser eingeweicht werden müssen, bevor man sie weiterverarbeiten kann. Es empfiehlt sich, die Bohnen über Nacht einzuweichen. Wichtig beim Kochen: Die Bohnen erst salzen, wenn sie schon weich sind, sonst bleiben sie hart.

Bulgur – Weizengrütze

Neben Reis und Nudeln ist *Bulgur* die Grundzutat der türkischen Küche. In einem schonenden Verfahren wird Weizen dafür vorgegart und getrocknet. *Bulgur* wird in verschiedener Körnung verwendet – gröber oder feiner –, je nachdem, was zubereitet werden soll. Feiner *Bulgur* wird gern für Suppen genommen, gröberer für Salate und Aufläufe oder er wird wie Reis als Beilage zubereitet.

Mercimek – Linsen

In der Türkei und in Indien wird vor allem die rote Linse angebaut. Rote Linsen sind geschält; sie haben ursprünglich eine lilafarbene Schale mit roten Keimblättern. Sie kochen sehr schnell weich, wobei sich die Orangefärbung in einen gelblichen Ton verwandelt.

Linsen haben einen hohen Eiweißanteil und sind im Vergleich zu anderen Hülsenfrüchten leichter verdaulich. Dadurch sind sie für Vegetarier ein wertvolles und zugleich preiswertes Nahrungsmittel. Es gibt auch gelbe, grüne und braune Linsen.

Nohut – Kichererbsen

Die weißen bis beigefarbenen Hülsenfrüchte haben einen nussähnlichen Geschmack. Sie werden über Nacht eingeweicht und dann etwa 60–90 Minuten gegart. Kichererbsen schmecken als Püree mit Sesampaste (*Humus*), als Suppe, Eintopf oder mit Rohkost als Salat.

Die Kichererbsen waschen und in reichlich kaltem Wasser über Nacht einweichen. Am nächsten Tag durch ein Sieb abgießen und abtropfen lassen. Die Kichererbsen in einen Topf mit so viel Wasser geben, dass die Kichererbsen bedeckt sind, und zum Kochen bringen. Eventuell abschäumen und 60–90 Minuten bei mittlerer Hitze sanft kochen, bis sie gar sind. Die Kichererbsen abkühlen lassen, dann in ein Sieb schütten und pellen – das Häutchen lässt sich leicht mit Daumen und Zeigefinger abziehen.

Wer Zeit sparen möchte, verwendet vorgegarte Kichererbsen – *Nohut* – aus der Dose.

Pirinç – Reis

Pirinç ist der rohe Reis, der gekochte Reis heißt *Pilav*. Er ist eine der wichtigsten Zutaten der türkischen Küche, in der es die vielfältigsten Reisgerichte gibt. Einfacher Reis wird mit unterschiedlichen Zutaten angereichert und dies ergibt jedes Mal eine neue, raffinierte Kreation.

Şehriye – Fadennudeln

Fadennudeln sind, wie der Name schon sagt, aus Nudelteig geformte und getrocknete fadendünne Nudeln. Sie kommen ursprünglich aus dem Mittelmeerraum und werden gerne für Suppen und Ragouts verwendet. Aber auch für *Pilav* werden gerne in Butter braun angebratene *Şehriye* verwendet, die den *Pilav* optisch aufpeppen. Fadennudeln werden nicht selber zubereitet, es gibt sie im türkischen Lebensmittelladen zu kaufen.

Un – Mehl

Mehl war und ist ein unverzichtbarer Bestandteil der türkischen Küche. Es war früher in den Haushalten immer reichlich vorhanden, selbst wenn alle anderen Vorräte zur Neige gingen. Aus Mehl konnte schnell ein Teig für Brot oder *Börek* (Pastete) vorbereitet werden.

Den hohen Stellenwert von Mehl in den früheren Haushalten belegen Sprichworte wie »Ich habe mein Mehl gesiebt und das Sieb an die Wand gehängt«, was symbolisch auf ein gelebtes Leben hinweist, und »Soviel Mehl du hast, solange kannst du leben«.

Natürlich nimmt Mehl in Form von Teig, hergestellt aus Weizenmehl, auch heute noch einen wichtigen Platz in der türkischen Küche ein.

Neben *Ekmek*, dem gewöhnlichen Weißbrot, *Pide*, dem Fladenbrot, *Simit*, der Sesambrezel, und *Mantı*, den gefüllten Teigtäschchen, gibt es noch viele andere Teiggerichte mit verschiedenen Füllungen, wie Spinat, Schafskäse, Kartoffeln und Linsen, die alle *Börek* genannt werden. Am gebräuchlichsten ist das handelsübliche Weizenmehl. Für die Rezepte in diesem Buch kann – wenn nicht anders angegeben – das klassische Weizenmehl (Typ 405) verwendet werden.

Zeytinyağı – Olivenöl

Wie in den meisten Mittelmeerländern hat das Olivenöl auch in der türkischen Küche einen hohen Stellenwert. Es werden nicht nur kalte Speisen damit verfeinert, sondern es wird auch gerne damit gekocht.

Die Türkei erzeugt 10 % der weltweiten Produktion von Olivenöl, die ihren Ursprung im Mittelmeerraum hat. Der Großteil des Olivenöls wird in den Mittelmeerbuchten der Region um *Ayvalık* und *Edremit* produziert. Aus den fruchtigsten und wohlschmeckendsten Olivensorten wird hier feines, kalt gepresstes Öl erzeugt. Der Begriff »extra vergine« wird auch in der Türkei geführt, auf Türkisch heißt kalt gepresstes Olivenöl *soğuc sızma Zeytinyağı*.

Nebenbei bemerkt gibt es in der Türkei auch noch eine andere Verwendung für das Olivenöl: den *Yağlı Güreş* – einen Öl-Ringkampf. Diese Sportart, bei der sich die Ringer mit Olivenöl einreiben, hat Kultcharakter in der Türkei.

Meyve ve Sebze

Obst und Gemüse

Bamya – Okra

Die Okraschote ist eine der ältesten Gemüsesorten der Welt. In der türkischen Küche werden Okras meist gekocht, gedünstet oder gebraten, man kann sie aber auch roh verzehren. Die Kerne im Inneren werden mitgegessen. Die längliche Frucht ist im Kühlschrank zwei bis drei Tage haltbar. Ihr zartes Fleisch ist neutral, mild bis herb, leicht säuerlich. Beim Kochen sondern Okras einen milchigen Schleim ab, der sich zum Binden von Speisen eignet. Umgehen lässt sich dies durch vorheriges kurzes Blanchieren der Schoten. Okras sind kalorienarm, liefern viel Eiweiß, Kalium, Kalzium, Magnesium, Eisen, Kupfer, Mangan und an Vitaminen B_1, B_2, C und Provitamin A.

Biber – Gemüsepaprika

Sivri Carliston Biber wird die grüne, längliche Spitzpaprika (Gemüsepaprika/Peperoni) genannt, die mild im Geschmack ist und sich roh für Salate oder gekocht, gebraten und gegrillt als Beilage eignet. Die Carliston gibt es auch in der scharfen Variante als Gewürzpaprika: sie ist dann dunkelgrün oder rot in der Färbung und heißt *Acı Biber*.

Als *Dolmalik Biber* werden Paprikaschoten bezeichnet, die überwiegend zum Füllen verwendet werden. Diese grüne, rundliche Paprika ist nur ca. 4–6 Zentimter groß und wird in der Türkei angebaut – sie eignet sich hervorragend zum Füllen. Die gefüllte Paprika heißt *Dolma*, was übersetzt »gefüllt« bedeutet.

Kurutulmuş Patlıcan – Getrocknete Auberginen

Getrocknete Auberginen sind eine Delikatesse, die außerhalb der Türkei nicht sehr verbreitet ist.
Die getrockneten Auberginen ca. 4–5 Minuten in heißem Wasser einweichen. Dann genauso wie die gefüllten Paprika, *Dolma,* zubereiten.
In den ländlichen Regionen der Türkei werden die Auberginen im Sommer ausgehöhlt auf einem Faden aufgereiht und zum Trocknen aufgehängt. Hier kann man sie schon vorgetrocknet in türkischen Lebensmittelläden kaufen.

Nar – Granatapfel

Granatäpfel sind ähnlich groß wie eine Orange, einige türkische Züchtungen erreichen sogar das Format riesiger Grapefruits. Essbar ist nur das Innere der Frucht, die aus vielen rosaroten perlenähnlichen Kernen besteht, die von Fruchtfleisch umhüllt sind und einen Samen enthalten.

Der Granatapfel mit seinem feinsäuerlichen Aroma gehört auf jeden klassischen Obstteller. Genießen lassen sich Granatapfelkerne pur, über Fruchtsalaten, Puddings, Eisbechern und sonstigen Desserts oder auch in Salaten oder Reisgerichten.

Der Saft des Granatapfels, erinnert an das Aroma roter Johannisbeeren und ist ein sehr erfrischendes Getränk. Allerdings sollte man beim Auspressen für einen Spritzschutz sorgen, da der Saft von Granatäpfeln hartnäckige Flecken hinterlassen kann. Granatapfelsirup wird aus Granatapfelsaft mit Zucker hergestellt und dient zum Rotfärben von Cocktails und Mixgetränken.

Nar ekşisi ist der kräftige, säuerliche Würzsaft aus dem Fruchtfleisch des Granatapfels, der durch das Kochen des Saftes unreifer Granatäpfel hergestellt wird. Es ist kein Essig, ähnelt vom Geschmack her aber dem Balsamico und wird daher oft als »anatolischer Balsamico« beschrieben. Er ist bräunlich und dickflüssig und verleiht vielen Salaten eine besondere Note. Man bekommt ihn in gut sortierten türkischen Läden.

Da *Nar ekşisi* oft mit Granatapfelsaft oder Granatapfelsirup verwechselt wird werde ich bei den Rezepten nur den Originalnamen verwenden.

Semizotu – Portulak
(Bürzelkraut, Postelein)

Portulak ist ein Blattgemüse mit knackigen und fleischigen Blättern, die einen leicht säuerlichen Geschmack haben. In der Türkei ist Portulak eine sehr beliebte Sommerpflanze. Sehr schmackhaft ist Portulak roh als Salat mit Joghurt angerichtet oder in Saucen und Kräutersuppen verwendet. Die Blätter können auch wie Spinat gedünstet werden. Portulak enthält Eiweiß, die Vitamine B_1, B_2, B_6 und C sowie verschiedene Mineralstoffe, er ist ein ideales Frühlingsgemüse, dem auch eine blutreinigende Wirkung zugeschrieben wird. In Deutschland gibt es Sommer- und Winterportulak; Letzterer ist milder und hat eine andere Form.

ucuzcular
İSOT (URFA BİBERİ)
BLACK CHILLY
PICANTE NEGRO
15.00 YTL

ucuzcular
TOZ KARA BİBER
BLACK POWDER PEPPER
PIMIENTA POLVO NEGRO
15.00 YTL

ucuzcular
ACI TOZ BİBER
HOT PAPRICA
PAPRIKA PICANTE
15.00 YTL

Baharatlar

Gewürze

Die türkische Küche bietet eine breite Palette an Gewürzen, die allerdings eher sparsam verwendet werden. Der Grund dafür liegt darin, dass bei den Gerichten vor allem Wert auf die Aromen der Zutaten gelegt wird und diese nicht von Saucen oder Gewürzen überdeckt werden. Das heißt, eine Artischocke soll eben nach Artischocke schmecken und Bohnen nach Bohnen.
Für viele Nachspeisen oder Obst wird gar kein Gewürz verwendet, sodass das natürliche Aroma voll zur Geltung kommen kann.
Häufig verwendet werden frisch gemahlener schwarzer Pfeffer, Paprikapulver, Knoblauch, rote Chilis, getrocknete Pfefferminze, Zitrone und Kreuzkümmel, aber auch »exotische« Aromengeber wie Rosenblüten. Die wichtigsten Gewürze sind auf den folgenden Seiten näher beschrieben.

Çörek Otu – Schwarzkümmel

Bereits seit mehr als 2000 Jahren wird Schwarzkümmel im Orient als pfefferartiges Gewürz und
als Medizin verwendet. Schwarzkümmel riecht
kaum, er entwickelt sein Aroma erst beim Mahlen
oder Kauen. Sein Geschmack ist aromatisch und
leicht bitter.

In kaum einer anderen Landesküche – außer der
indischen – wird Schwarzkümmel so häufig eingesetzt. Er passt sehr gut zu Frischkäse, wird auf die
landestypischen Fladenbrote *Pide* gestreut, für
Backwaren aller Art eingesetzt und in Gemüse-
und Hülsenfrüchterezepten sowie zum Verfeinern
von Käse und Quark verwendet.

Gül Yaprağı – Rosenblätter/
Gül suyu – Rosenwasser

Rosenwasser entsteht als Nebenprodukt bei der
Destillation von Rosenblättern zu Rosenöl. Sowohl
Rosenblätter (frisch und getrocknet) als auch das
Rosenwasser gelten in der türkischen Küche als
besondere Aromengeber für Süßspeisen, Getränke,
Konfitüren und Desserts. In der Küche dürfen nur
unbehandelte Rosenblätter verwendet werden, die
speziell dafür angeboten werden.

Kakula – Kardamom

Kardamom gehört zur Familie der Ingwergewächse.
Die ovalen Fruchtkapseln werden getrocknet, zart-
grüne haben sie den besten Geschmack, die Samen-
körner schmecken frischwürzig-aromatisch.

In der türkischen Küche wird Kardamom in ganzen
Kapseln, als Samen oder gemahlen verwendet.
Kardamom harmoniert hervorragend mit Kompott
und Fruchtspeisen, eignet sich zum Verfeinern von
Reisgerichten oder als besonderes Aroma im türkischen Kaffee (siehe obige Abbildung). Teelieb-
habern sei empfohlen den türkischen Tee – Çay –
beim Aufbrühen mit 2–3 angeschnittenen Kapseln
oder etwas gemahlenem Kardamom zu verfeinern;
es gibt dem Tee eine ganz besondere Note.

Karanfil – Gewürznelken

Die gemahlenen oder ganzen nagelförmigen Blü-
tenknospen finden reichlich Verwendung in der
Herstellung von Kompott, *Şerbet* und Eiscreme.
Auch anderen Desserts, z. B. Obstsalat, verleihen
sie gemahlen eine besondere, würzige Note. Oft
werden ganze Nelken auch einfach in den türkischen Tee Çay gegeben, der dann sehr aromatisch
nach Nelken schmeckt.

Kekik – Thymian

Thymian gehört zur Familie der Lippenblütler. In vielen Ländern rund um das Mittelmeer, so auch in der Türkei, wird oft keine Unterscheidung zwischen einigen Kräutern aus der Familie der Lippenblütengewächse getroffen, wie am Beispiel des Thymians ersichtlich ist. Der türkische Name *Kekik* bedeutet nicht nur Thymian, sondern bezieht sich auf verschiedene aromatische Kräuter wie Oregano, Majoran, Thymian und Bohnenkraut.

Thymian sollte vor der Blüte geerntet und anschließend getrocknet werden, so schmeckt er am intensivsten. Die Blütezeit ist von Juni bis Oktober.

Geruch und Geschmack des Thymians sind sehr stark aromatisch. Im Gegensatz zu anderen Kräutern, z. B. Petersilie, nimmt die Würzintensität von Thymian beim Trocknen zu. Frischer Thymian ist würzschwächer als getrockneter und schmeckt sanfter, weniger rauchig und ist hervorragend geeignet für mediterrane Gemüsegerichte und Fisch. In der türkischen Küche wird getrockneter Thymian gerne für Gemüse und Suppen verwendet.

Kimyon – Kreuzkümmel/Kumin

Kreuzkümmel spielt eine wichtige Rolle in der türkischen Küche. Ganz oder gemahlen werden die getrockneten Samen des ursprünglich aus dem Niltal stammenden Doldenblütengewächses verwendet. Sein Name ist zurückzuführen auf den kreuzförmigen Blattstand der Pflanze und auf die Form seiner Früchte, die der des Kümmels sehr ähnelt. Kreuzkümmel schmeckt scharf würzig, hat ein starkes Aroma und eignet sich besonders gut – auch wegen seiner verdauungsfördernden Eigenschaften – für Gerichte mit Hülsenfrüchten und in Eintöpfen.

Kuş üzümü – Vogelkorinthen

Vogelkorinthen sind ganz kleine Korinthen, die gerne zum Würzen von Reisfüllungen genommen werden. Ihr Aroma ist pikant-süßlich und ein wenig pfeffrig.

Nane – getrocknete Minzeblätter

In der türkischen Küche wird hauptsächlich die Nane-Minze verwendet. Die Nane-Minze (Mentha spicata var. crispa ‚Nane'), auch Türkische oder Krause Minze genannt, hat stark gekrauste, dunkelgrüne Blätter. Sie wird gern in schwarzem Tee getrunken und eignet sich als Würze zu Saucen, Süßspeisen u. a.

Der frisch-fruchtige Minzgeschmack ist aus der türkischen Küche nicht wegzudenken; Minze wird frisch, aber auch getrocknet verwendet.

Pul Biber – Geschroteter Chili

Der *Pul Biber* – »Blättchenpfeffer« – wird aus frischen scharfen Chilischoten gewonnen. Diese werden getrocknet und anschließend so lange zerstoßen, bis sie paillettengroße Flocken ergeben. *Pul Biber* ist in der Regel sehr scharf. Beim Kauf sollte darauf geachtet werden, dass er kräftig dunkelrot gefärbt, noch leicht feucht ist und stark nach Paprika duftet. Wenn er die Finger rot färbt beim Reiben, dann ist er frisch. Es gibt auch schwarzen *Pul Biber*, der geröstet wird und sehr scharf ist. *Ipek Pul Biber* – »Seidenchilipfeffer« – ist eine weitere Variante, bei welcher der Chili ohne Samen gemahlen wird, was die Schärfe mildert, aber dennoch als scharf bezeichnet werden kann. Mahlt man Chili mit Samen und Scheidewänden sehr fein, erhält man *Kırmızı Biber*, den im deutschsprachigen Raum als Cayennepfeffer gebräuchlichen Pfeffer.

Oft wird *Pul Biber* auch als eine scharfe Würzmischung aus Paprika, Chili, Salz, Pflanzenöl und Gewürzextrakten angeboten, die z. B. bei der Herstellung von *Döner* verwendet wird.

Ich bevorzuge beim Kochen den »reinen« *Pul Biber* ohne Zusätze, da er im Geschmack nicht verfremdet ist.

Safran – Safran

Safran zählt zu den teuersten Gewürzen, da die Ernte reine Handarbeit ist. Er wird aus den getrockneten Blütennarben des Safran-Krokus gewonnen. In der türkischen Küche wird er für Reisgerichte und Süßspeisen verwendet. Es gibt Safran in verschiedenen Qualitäten; beim Kauf darauf achten, dass die Farbe der Safranfäden leuchtend orangerot ist. Safranpulver ist häufig billiger, dafür aber auch oft mit Kurkumapulver (Gelbwurz) verschnitten. Safran vor Licht und Feuchtigkeit schützen und in fest schließenden Metall- oder Glasgefäßen aufbewahren, da Licht die stark färbenden Karotinoide des Safrans rasch ausbleicht und sich das ätherische Öl schnell verflüchtigt. Die türkische Kleinstadt *Safranbolu*, »Stadt des Safrans«, hat ihren Namen von den riesigen Safranfeldern, von denen die Stadt im 19. Jahrhundert umgeben war.

Sumak – Gewürz-Sumach

Der wild wachsende Sumach (von der Pflanze »Rhus coriaria«) wird als ganze getrocknete Beere oder als Pulver verwendet. Die ziegelroten, linsengroßen Früchte geben gemahlen durch ihren hohen Anteil an Fruchtsäuren Salaten und Joghurtsaucen eine fruchtig-säuerliche Note. *Sumak* gibt es in türkischen Lebensmittelgeschäften als ganze Beeren oder bereits gemahlen zu kaufen.

Tahin – Sesampaste

Tahin ist eine dicke Paste, die aus Sesamsamen hergestellt wird. Bereits die alten Römer und Griechen kannten diese Paste, die heute im ganzen Mittelmeerraum verwendet wird.

Es wird zwischen *Tahin* aus geschältem und aus ungeschältem Sesam unterschieden. *Tahin* aus ungeschältem Sesam ist dunkler und schmeckt bitterer, enthält aber mehr Vitamine und Nährstoffe. Oft wird aus einer Mischung beider Sesamsaaten *Tahin* hergestellt, das heißt, der Sesam wird leicht geröstet und dann gemahlen. Wenn sich Öl auf der vermahlenen Paste absetzt, muss die Paste vor der Verwendung verrührt werden. *Tahin* ist vitaminreich und enthält viel Kalzium. Es ist bei Vegetariern und Veganern sehr beliebt. In der türkischen Küche wird Tahin als Alternative zu Brotaufstrichen, als Beilage oder als Dip gereicht. Mit Zitronensaft und Knoblauch vermischt und mit Gewürzsumach verziert ergibt *Tahin* eine köstliche Creme. Aber auch als Sauce für den Weiße-Bohnen-Salat verwendet schmeckt *Tahin* hervorragend (siehe Seite 39).

Toz Biber – Paprikapulver

Paprikapulver wird aus den getrockneten Früchten des Gewürzpaprikas gewonnen.

Die frischen Schoten werden getrocknet und dann zermahlen. Die Schärfe hängt von der jeweiligen Verarbeitung ab. Das heißt, in den Scheidewänden der reifen Schoten und in den Samen sitzt der Schärfeträger, das Capsaicin. Je mehr Samenträgerleisten und Samen mitvermahlen werden, desto schärfer wird der Paprika.

Paprikapulver darf nicht zu scharf angebraten werden, denn der in den Schoten enthaltene Zucker verbrennt bei zu hohen Temperaturen und bekommt einen bitteren Geschmack.

Edelsüßpaprika: Das ist das gebräuchlichste Paprikagewürz; es hat ein mildes Aroma, schmeckt würzig und färbt die Speisen dunkelrot.
Rosenpaprika: Das ist die schärfste Paprikasorte, die man bei uns kaufen kann; er würzt sehr scharf und färbt die Speisen stark rot.

Yenibahar – Piment

Piment, auch Nelkenpfeffer und Allgewürz (Allspice) genannt, sind die getrockneten braungrauen Beeren des immergrünen Pimentbaumes. Eignet sich zum Würzen von gefüllten Gerichten wie *Dolma*, für Reisgerichte und einige Kuchensorten. Der Geschmack ist leicht pfeffrig und erinnert an eine Mischung aus Nelken, Muskat und Zimt. *Yenibahar* bedeutet übersetzt »Neugewürz« und deutet darauf hin, dass dieses Gewürz erst relativ spät Einzug in die Küchen hielt.

Zencefil – Ingwer

Ingwer wird als Aromengeber sehr geschätzt und gehört nicht nur zu den weltweit wichtigsten Gewürzen, sondern auch zu den ältesten. Schon im Koran findet der Ingwer Erwähnung: In der Sure 76, Al-Insan (Der Mensch), heißt es »... werden sie dort aus einem Becher trinken, gewürzt mit Ingwer«. Auch Konfuzius erwähnt Ingwer bereits 500 v. Chr.
Die große, fleischige »Ingwerwurzel«, die eigentlich keine Wurzel ist, wird Rhizom genannt und sieht – wenn sie frisch ist – geweih-/hornartig aus. Ingwer gibt es auch in getrockneter Form als hellbeigefarbenes Pulver.
Auch in der türkischen Küche findet Ingwer eine vielseitige Verwendung. Frischer Ingwer wird gerieben oder fein gehackt (oder auch als Ingwerpulver) vielen Getränken und Gerichten beigemischt und verleiht ihnen einen frischen, würzigen und scharfen Geschmack.

Peynir Çeşitleri

Käsevielfalt

Wer das Käseangebot der Türkei auf Schafskäse reduziert, liegt definitiv falsch. Ungefähr zwei Drittel der gesamten Milch werden in den Molkereien unter anderem für die Käseproduktion verwendet. Landesweit werden etwa 100 verschiedene Käsesorten produziert. In den ländlichen Regionen der Türkei wird der Käse noch nach traditionellen Methoden selber zubereitet. Nachfolgend die wichtigsten und bekanntesten Käsesorten (wobei es nicht für alle Käsenamen eine deutsche Übersetzung gibt).

Beyaz Peynir – Weißer Käse oder Schafskäse

Ein Schafsmilchkäse, in der Türkei sehr beliebt. Es gibt fette, halbfette oder fettarme Weißkäsesorten. Vor allem Trakya (Westtürkei) und das Marmara-Gebiet sind bekannte Schafskäseregionen.

Çerkez Peyniri – Käse nach Tscherkessen-Art

Ein aus Ziegenmilch zubereiteter Käse, der frisch, fast salzlos und besonders schmackhaft ist, wenn er gegrillt wird.

Dil Peyniri – Zungenkäse

Faserige, ungesalzene Käsesorte, die aus Schafs- oder Ziegenmilch hergestellt wird und die Form einer Zunge – *Dil* – hat.

Gravyer Peyniri – Gravyer Käse

Ursprungsgebiet dieses Schnittkäses aus fetter Schafsmilch ist der Nordosten der Türkei. Der Geschmack ähnelt dem Emmentaler und der Gravyer hat eine ähnliche Lochbildung. Die Reifezeit beträgt ca. zehn Monate. Der Käse ist hellgelb, die Rinde ist dunkelgelb.

Karadeniz Tel Peyniri – Fadenkäse aus dem Schwarzmeergebiet

Wird in der östlichen Schwarzmeerregion aus fettarmer Milch hergestellt. Der Käse heißt so, weil man ihn mit der Hand fadenartig trennen kann.

Kargı Tulumu

Ein fetter, leckerer Käse, der im Herbst in Ziegenlederbälgen reift. Der Geschmack hängt von der Herstellungsregion und der Milchqualität ab.

Kaşar Peyniri – Gouda

Ein runder, gelblicher, fetthaltiger Hartkäse aus Schafs- oder Kuhmilch, der als *Taze* frisch oder als *Eski* alt erhältlich ist. Er reift sechs Monate lang und gewinnt dadurch einen volleren Geschmack und kann bis zu drei Jahre gelagert werden. Besonders beliebt ist der *Kaşar* aus der Region um Kars.

Lor Peyniri

Frischer, weicher, ungesalzener Ziegenkäse aus dem Osten der Türkei.

Otlu Peynir – Kräuterkäse

Weißkäse aus Schafs- oder Ziegenmilch, der mit vielen Kräutern wie Petersilie, Dill und Frühlingszwiebeln angereichert wird (ursprünglich aus der Region um Van).

Tulum Peyniri

Ein in einem Balg aus Schaf- oder Ziegenleder aufbewahrter, krümeliger, trockener Ziegenkäse, der in den Bergregionen *Erzincans* produziert wird. Der Tulum-Käse hat einen pikanten, eher strengen Geschmack.

Baharatlı, zeytinyağlı beyaz peynir
Eingelegter Schafskäse

In der Türkei wird der Schafskäse gerne und oft zusammen mit verschiedenen Kräutermischungen in Olivenöl eingelegt. Eine Variante möchte ich hier vorstellen:

200 g **Schafskäse**
   1 Zweig Rosmarin
   1 TL Thymian
   1 TL Salbei
   1 TL getrocknete Minze
   2 Knoblauchzehen, klein gehackt
200 ml **Olivenöl, kalt gepresst**

1 Den Schafskäse in kleine Würfel schneiden und in ein gut verschließbares Glas geben.
2 Gewürze und Knoblauchzehen zum Käse geben und alles mit Olivenöl bedecken, verschließen und drei bis vier Tage im Kühlschrank ziehen lassen. Wer es gerne scharf mag, kann auch einen Teelöffel Chilipulver zugeben.
3 Es sollte beim Servieren zu jedem Stückchen Käse auch ca. ein Teelöffel des Gewürzöls gereicht werden, um die *Pide* oder das Weißbrot darin zu tunken.
Der eingelegte Käse kann bis zu zwei Wochen im Kühlschrank aufbewahrt werden. Es ist normal, dass das Öl im Kühlschrank fest und trüb wird. Das ändert sich, wenn das Öl wieder Zimmertemperatur hat.

Salatalar

Salate

Die Salate werden in der Türkei
in der Regel als Vorspeise oder
als Beilage zu den Hauptmahlzeiten gereicht. Sie werden überwiegend mit Olivenöl und Zitronensaft angemacht und serviert.
Für einige Salate eignet sich jedoch auch *Nar ekşisi* (siehe
Seite 21), es gibt den Salaten
eine besondere würzige Note.
Zu Salaten wird gerne Fladenbrot
gereicht.

Çoban Salatası
Hirtensalat

Çoban Salatası ist der Klassiker unter den türkischen Salaten. Er schmeckt gerade im Sommer herrlich erfrischend und sollte – wenn möglich – gut gekühlt serviert werden. Das heißt: Im Sommer vor dem Servieren für ein paar Minuten in den Kühlschrank stellen.

  1 mittelgroße Salatgurke
  2 Tomaten
  1 kleine Zwiebel oder 1–2 Frühlingszwiebeln
  2 grüne Peperoni/Peperoncini –
    mild oder scharf
  2 EL glatte Petersilie, fein gehackt
100 g Schafskäse
  2 EL Olivenöl, kalt gepresst
  1 EL Zitronensaft
  2 EL Granatapfelwürzsaft (Nar ekşisi)
Salz nach Geschmack
  ½ TL getrockneter Oregano
  50 g schwarze Oliven

1 Gurken waschen, schälen, in kleine Würfel schneiden und in eine Salatschüssel geben. Tomaten waschen, den Stielansatz ausschneiden und das Gemüse klein würfeln. Zwiebel schälen, halbieren und in dünne Ringe schneiden. Peperoni waschen, die Stiele und Stielansätze abschneiden, Kerne und Rippen entfernen, Peperoni in 2 cm große Stücke schneiden. Die Petersilie waschen, trocknen und grob hacken und alles in die Salatschüssel geben.
2 Schafskäse wahlweise in kleine Würfel schneiden oder über das Gemüse reiben.
3 Aus Öl, Zitronensaft, Granatapfelsaft, Salz und Oregano eine Marinade zubereiten, über den Salat gießen und alle Zutaten vorsichtig vermischen.
4 Zum Schluss die Oliven über dem Salat verteilen.

Fıstıklı Cevizli Roka Salatası
Rucolasalat mit Pinienkernen

Pinienkerne sind in der türkischen Küche sehr beliebt. Sie schmecken nicht nur gut in Salaten, sondern eignen sich hervorragend zum Knabbern oder als Begleitung zu Reisgerichten (ab Seite 81).

500 g Rucola, 10 Blätter Basilikum
100 g Schafskäse/Feta
  1 mittelgroße Zwiebel
  1 TL Sumak
  2 EL Pinienkerne
  3 EL Olivenöl, kalt gepresst
  2 EL Granatapfelwürzsaft (Nar ekşisi)
Salz, 1 Msp Thymianpulver
  3 EL Walnüsse

1 Rucola gut waschen, abtropfen lassen, Stiele abschneiden und den Salat in eine Salatschüssel geben.
2 Basilikum waschen, mit Küchenkrepp vorsichtig abtupfen, in grobe Stücke zupfen und zum Rucola geben.
3 Käse in kleine Würfel schneiden und über den Rucola streuen.
4 Zwiebel schälen, halbieren, in dünne Scheiben schneiden und in einer Schüssel mit dem *Sumak* vermischen, anschließend zum Rucola geben.
5 Pinienkerne in Olivenöl eine Minute bei mittlerer Hitze rösten, Pinienkerne auf den Rucola geben, Öl in der Bratpfanne etwas abkühlen lassen.
6 Das Öl, in dem die Pinienkerne geröstet wurden, mit *Nar ekşisi*, Salz und Thymian zu einem Dressing verrühren und über den Salat gießen.
7 Walnüsse über den Salat streuen.

Oben: Rucolasalat mit Pinienkernen; Mitte: Kısır (Seite 38); unten: Hirtensalat ▶

Kısır
Weizengrütze mit Gemüse

Keine gesellige Runde, kein Picknick, kein Büffet auf dem es kein *Kısır* gibt. Traditionell werden zum *Kısır* Salatblätter gereicht. Es eignen sich alle knackigen Salatsorten, die einem schmecken. Die Salatblätter sind dazu da den *Kısır*, wie Rouladen, in ihnen einzuwickeln und zu essen. Das gibt dem *Kısır* eine besondere Note und ist auch sonst eine vergnügliche Angelegenheit.

500 g   feiner Bulgur
1 l   kochend heißes Wasser
6 EL Sonnenblumenöl
3–4 EL Tomatenmark
4–5 EL Granatapfelwürzsaft (Nar ekşisi)
2 Tomaten
1 rote Gemüsepaprika/Peperoni
(alternativ: grün oder gelb)
3 Lauchzwiebeln
½ Bund glatte Petersilie
1–2 EL Salz
Pfeffer nach Geschmack
2 TL getrocknete Minze
1 TL Kreuzkümmel, gemahlen

Salatblätter (z. B. Eisberg oder Romana)

1 Bulgur in eine große Schüssel geben. Nach und nach soviel kochendes Wasser zugießen, bis der Bulgur gut benetzt ist, aber noch nicht im Wasser schwimmt. Dann etwas umrühren und mit einem Tuch bedeckt 10 Minuten quellen lassen.
2 Das Öl zugeben und gut vermischen.
3 Tomatenmark hinzufügen, kräftig durchrühren, bis der ganze Bulgur mit dem Tomatenmark überzogen ist und dann *Nar ekşisi* zugeben.
4 Tomaten am Stielansatz einritzen, in kochendes Wasser geben und häuten, ganz fein würfeln und zum Bulgur geben.

5 Paprika waschen, entkernen und in ganz feine Würfel schneiden. Lauchzwiebeln und Petersilie waschen, sehr klein hacken. Alles zum Bulgur geben und vorsichtig verrühren.
6 Mit Salz, Pfeffer, Minze und Kreuzkümmel würzen und alles noch einmal gut vermischen.

Tipp

Auch beim *Kısır* gilt, dass er sein ganzes Aroma erst nach und nach entwickelt. Wenn der Hunger nicht zu groß ist, ruhig 10 Minuten ziehen lassen!

Akdeniz Salatası
Mittelmeersalat

Dieser Salat kann warm oder kalt serviert werden und eignet sich hervorragend als Hauptmahlzeit.

3 Paprikaschoten/Peperoni: rot, grün und gelb
2 kleine, feste Zucchini
1 Schalotte oder 1 kleine Zwiebel
3 EL Olivenöl
Salz und schwarzer Pfeffer nach Geschmack
2 EL Granatapfelwürzsaft (Nar ekşisi)
1 Bund Thymian, gehackt
10 schwarze oder grüne Oliven
100 g   Schafskäse/Feta

1 Paprika waschen, den Stiel, Scheidewände und Samen entfernen und das Gemüse in kleine Würfel schneiden.
2 Zucchini waschen und in ähnlich große Würfel schneiden.
3 Schalotte schälen und fein würfeln.
4 Gemüse im Öl anbraten, salzen, pfeffern und bei mittlerer Hitzezufuhr bissfest dünsten.
5 Dann das Gemüse in ein Sieb schütten und den Gemüsesaft auffangen.

Den Saft mit Granatapfelwürzsaft und gehacktem Thymian zu einer Soße verrühren, ggf. nachwürzen und über das Gemüse geben.

6 Oliven ganz oder klein geschnitten dazugeben.
7 Feta mit einer Gabel zerdrücken und erst kurz vor dem Servieren auf das Gemüse geben.

Piyaz
Weiße-Bohnen-Salat

Piyaz ist einer der bekanntesten Salate der türkischen Küche. Er wird sehr gerne zu Fischgerichten gereicht und fehlt auf keiner Mezetafel.

1 Dose weiße Bohnen (Abtropfgewicht: 400 g)
2 Knoblauchzehen
1 kleine Zwiebel
1–2 Frühlingszwiebeln
1 Bund glatte Petersilie
2 Tomaten
2 grüne Spitzpaprika
Salz nach Geschmack
100 ml Olivenöl, kalt gepresst
150 g Sesampaste (Tahin)
Saft von 1 Zitrone
1 TL Sumak
Pfeffer und Paprikapulver nach Geschmack

zum Garnieren:
2 Eier, hart gekocht
12 schwarze Oliven

1 Bohnen in ein Sieb schütten und abtropfen lassen.
2 Knoblauch und Zwiebeln schälen und in Scheiben schneiden, Frühlingszwiebeln waschen und in Ringe schneiden, Petersilie waschen, trocknen und fein hacken und alles in eine Schüssel geben und gut vermischen.
3 Die Hälfte der Bohnen zur Mischung geben, Tomaten häuten, vom Stielansatz befreien, in kleine Würfel schneiden und dazugeben. Paprika waschen, entkernen, in 1 cm große Stücke schneiden, hinzufügen und alles verrühren.
4 Die restlichen Bohnen, Salz, einen Esslöffel Öl, Sesampaste und Zitronensaft pürieren und das Püree über den Bohnen-Zwiebel-Salat geben.
5 Das restliche Öl, *Sumak*, Pfeffer und Paprikapulver zu einem Dressing verrühren und über den Salat geben.
6 Zum Schluss die Eier achteln und zusammen mit den Oliven den Salat garnieren.

Peynirli Ispanak Salatası
Spinatsalat mit Kaşar-Käse

Kaşar-Käse eignet sich auch hervorragend zum Überbacken oder einfach pur aufs Brot. Ist kein *Kaşar* zur Hand, kann man auch weißen Schafskäse über den Salat reiben. Der *Kaşar* aus Kars im Nordosten der Türkei soll der Beste sein.

500 g	frischer Blattspinat
2 l	heißes Wasser
1	kleine Zwiebel
3	Tomaten
2	Eier, hart gekocht
200 g	Kasar (siehe Seite 32)
3 EL	Olivenöl, kalt gepresst
1 EL	Rotweinessig oder Zitronensaft
Salz und Pfeffer nach Geschmack	
1 Msp	Thymian, gemahlen
1	Knoblauchzehe, zerdrückt (nach Geschmack)

1 Den Spinat verlesen, von den groben Stielen befreien und unter fließendem kalten Wasser mehrmals gründlich waschen.
2 Den Blattspinat dann in sprudelnd kochendem Wasser etwa 2 Minuten blanchieren, abgießen, kalt abschrecken, abtropfen lassen, auf einen großen Salatteller geben und kurz abkühlen lassen.
3 Zwiebel schälen, in sehr dünne Ringe schneiden und über dem Spinat verteilen.

4 Tomaten am Stielansatz einritzen, für zwei Minuten in heißes Wasser legen, anschließend häuten, klein würfeln und über den Spinat geben.
5 Die hart gekochten Eier in kleine Würfel schneiden über den Spinat streuen.
6 Den *Kaşar*-Käse reiben und auf dem Salat verteilen.
7 In einer Schüssel ein Dressing aus Öl, Essig, Salz, Pfeffer, Thymian und – falls gewünscht – Knoblauch zubereiten und über den Salat gießen. Sein Aroma entwickelt der Salat am besten, wenn man ihn ein paar Minuten ziehen lässt.

Semizotu Salatası
Portulaksalat

Portulak ist nicht nur reich an Vitaminen, er enthält auch Mineralien, Spurenelemente und viele gesunde sekundäre Pflanzenstoffe. Gönnen Sie sich hin und wieder einen Portulaksalat!

500 g	Portulak
2	mittelgroße Tomaten
1	mittelgroße Salatgurke
1	kleine Zwiebel
Salz nach Geschmack	
1 EL	Sumak
2	Knoblauchzehen
250 g	milder Joghurt
1 TL	Dill
3 EL	Olivenöl, kalt gepresst

1 Den Portulak waschen, die Blätter abzupfen und in eine Salatschüssel geben. Die Stängel können klein geschnitten dazugegeben werden.
2 Die Tomaten einritzen, für 2 Minuten in heißes Wasser geben, häuten, in kleine Würfel schneiden und zum Portulak geben.
3 Gurke waschen, schälen, in dünne Scheiben schneiden und ebenfalls zum Portulak geben.
4 Zwiebel schälen, halbieren, in dünne Scheiben und in eine gesonderte Schüssel geben. Das Salz und den *Sumak* über die Zwiebeln streuen und alles kräftig verrühren, dann die Mischung über den Portulaksalat streuen.
5 Die Knoblauchzehen schälen und in den Joghurt pressen. Den Dill und das Olivenöl dazugeben und verrühren. Wer möchte, kann dem Joghurt noch eine Prise Salz zugeben.
Anschließend den Joghurt über den Portulaksalat geben und vorsichtig vermengen.

Tipp
Zusätzlich kann man den Portulaksalat mit 100 g in kleine Würfel geschnittenen fettarmen Schafskäse verfeinern; einfach drüberstreuen.

Isırganotu Salatası
Brennnesselsalat

Die Brennnessel ist ein köstliches Gemüse, das wie jedes andere Blattgemüse zu Spinat und Suppen verarbeitet, gedünstet, überbacken und gekocht werden kann. In der Türkei wird die Brennnessel, die sehr viel Eisen enthält, überwiegend in der Küche der Schwarzmeerregion verwendet.
Doch woher bekomme ich Brennnesseln? Die Brennnessel wächst auf Komposthaufen und an Zäunen, Hecken, in Gärten, auf Weideplätzen und an Waldrändern. Natürlich sollte darauf geachtet werden, dass die Brennnesseln nicht gerade an einer stark befahrenen Straße oder auf einem Hundespielplatz geerntet werden.
Die beste Zeit um Brennnesseln zu ernten ist im Frühling (März, April und Mai). Die jungen Blätter sind zarter, aber auch die Verwendung älterer Brennnesselblätter ist möglich.
Bei uns zu Hause wurde zur Brennnesselzeit immer ein gemeinsamer Waldspaziergang veranstaltet, bei dem zusammen Brennnesseln gepflückt wurden. Dazu sollten am besten Handschuhe angezogen werden und die Brennnesseln unter den Blättern angefasst werden, um sie zu pflücken. Es brennen nämlich nur die Blattoberfläche und die Ränder. Gesammelt werden sollten die Brennnesseln in einem Leinenbeutel.

400 g Brennnesseln
Saft von ½ Zitrone
3 EL Olivenöl, kalt gepresst
1 TL Apfelsaft, naturtrüb
1 Zehe Knoblauch, fein gehackt
Salz und Pfeffer nach Geschmack
100 g Schafskäse

1 Brennnesseln waschen, kurz in kochendem Wasser blanchieren (dann brennen sie nicht mehr), abtropfen lassen und in eine Salatschüssel geben.
2 Aus Zitronensaft, Öl, Apfelsaft, Knoblauch sowie Salz und Pfeffer eine Marinade herstellen, über die Brennnesseln geben und vorsichtig durchmischen.
3 Anschließend den Schafskäse in kleine Würfel schneiden und über den Salat streuen.

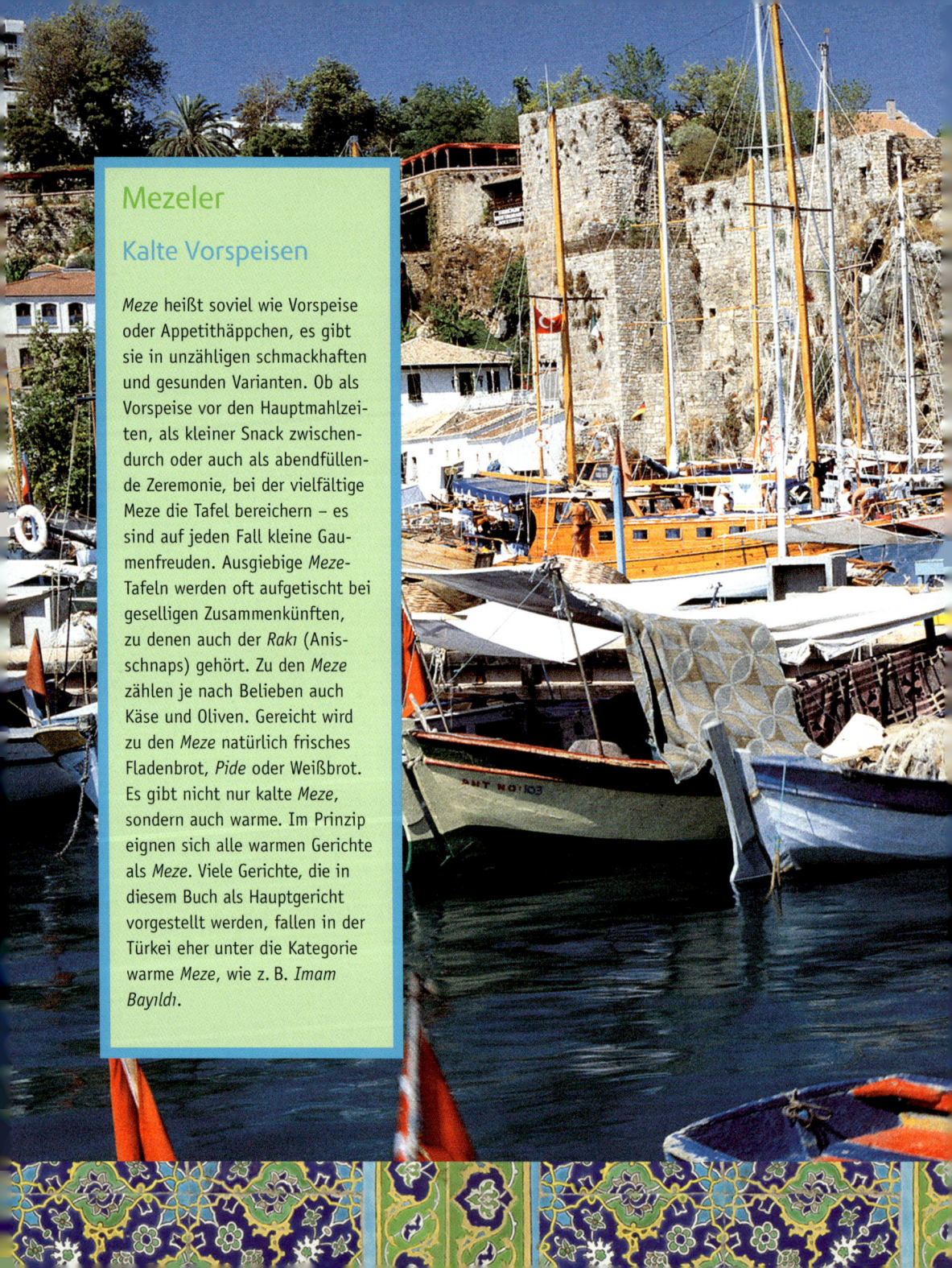

Mezeler

Kalte Vorspeisen

Meze heißt soviel wie Vorspeise oder Appetithäppchen, es gibt sie in unzähligen schmackhaften und gesunden Varianten. Ob als Vorspeise vor den Hauptmahlzeiten, als kleiner Snack zwischendurch oder auch als abendfüllende Zeremonie, bei der vielfältige Meze die Tafel bereichern – es sind auf jeden Fall kleine Gaumenfreuden. Ausgiebige *Meze*-Tafeln werden oft aufgetischt bei geselligen Zusammenkünften, zu denen auch der *Rakı* (Anisschnaps) gehört. Zu den *Meze* zählen je nach Belieben auch Käse und Oliven. Gereicht wird zu den *Meze* natürlich frisches Fladenbrot, *Pide* oder Weißbrot. Es gibt nicht nur kalte *Meze*, sondern auch warme. Im Prinzip eignen sich alle warmen Gerichte als *Meze*. Viele Gerichte, die in diesem Buch als Hauptgericht vorgestellt werden, fallen in der Türkei eher unter die Kategorie warme *Meze*, wie z. B. *Imam Bayıldı*.

Mercimek Köfte
Linsennocken

Dieses Rezept ergibt 10–12 Linsennocken. Wer es mag, kann Salatblätter zu den Linsenfrikadellen anbieten, in die die Linsenfrikadellen dann gewickelt werden. Es eignet sich besonders der knackige Romanasalat, aber auch klassischer Kopfsalat sowie jeder Salat, der einem schmeckt. Ich persönlich mag *Mercimek Köfte* sehr gerne in Kombination mit Rucolasalat (siehe Seite 36).

300 g rote Linsen
500 ml Wasser
300 g feiner Bulgur
  3 EL Tomatenmark
  2 mittelgroße Zwiebeln
  4 EL Olivenöl, kalt gepresst
  2 Frühlingszwiebeln
  3 grüne Spitzpaprika/Spitzpeperoni
  1 Bund glatte Petersilie, gehackt
Salz, Pfeffer und Paprikapulver nach Geschmack
  1 EL Kreuzkümmel, gemahlen
  1 TL Chilipulver
Salatblätter zum Anrichten
  1 Zitrone

1 Linsen kurz abbrausen, abtropfen lassen, mit dem Wasser in einen Topf geben und ca. 15 Minuten kochen, bis die Linsen das Wasser aufgesogen haben.

2 Bulgur zu den Linsen geben und bei schwacher Hitze ca. 3–5 Minuten unterrühren, ziehen lassen, dann neben der Herdplatte 10–15 Minuten ausquellen lassen.

3 Tomatenmark zu Bulgur und Linsen geben und verrühren.

4 Zwiebeln schälen, klein hacken und im Öl goldgelb anbraten.

5 Frühlingszwiebeln waschen und klein hacken. Paprika waschen, entkernen und fein hacken. Alles zu Bulgur und Linsen geben und vermischen.

6 Petersilie, Salz und Pfeffer, Paprikapulver, Kreuzkümmel und Chilipulver zur Mischung geben und gut vermengen. Bällchen oder längliche Nocken daraus formen.

7 Auf einem Teller Salatblätter platzieren und die *Köfte* auf den Salatblättern anrichten.

8 Zitrone achteln und den Teller damit verzieren.

Oben: Paprikagemüse aus Antep (Seite 46); unten: Linsennocken ▶

Antep Ezmesi
Paprikagemüse aus Antep

Diese Vorspeise kommt – wie der Name schon sagt – aus *Antep* im Südosten der Türkei. Dort wird aufgrund des heißen Klimas viel salziger und schärfer gegessen als in der übrigen Türkei. Daher ist *Ezme* in der Regel sehr scharf. Ich habe versucht die Schärfe dem deutschen Gaumen anzupassen; wem zwei scharfe Peperoni dennoch zu viel sein sollten, nimmt einfach weniger.

8 **Spitzpaprika/Spitzpeperoni**
2 **scharfe grüne oder rote Peperoni/Peperoncini**
1 **mittelgroße Zwiebel**
1 **Knoblauchzehe**
1 **Bund glatte Petersilie**
3 **EL Tomatenmark**
Salz, schwarzer Pfeffer nach Geschmack
1 **TL Rosenpaprika**
1 **Msp Schwarzkümmel**
½ **TL Thymian**
½ **TL getrocknete Minze**

1 Paprika und Peperoni waschen, trocknen, halbieren, die Enden abschneiden, das Innere entfernen und das Gemüse in ganz kleine, feine Stücke schneiden.
2 Zwiebel und Knoblauch schälen, ebenfalls ganz fein hacken und zum Paprikagemüse geben.
3 Petersilie waschen, abtrocknen, ganz fein hacken und zugeben.
4 Tomatenmark zugeben und unterrühren.
5 Nach und nach die Gewürze zugeben, verrühren und abschmecken.

Tipp
Die Zutaten möglichst von Hand ganz fein schneiden. Gerieben oder maschinell zerkleinert bekommt das Ganze eine zu wässrige Konsistenz und verliert an Geschmack.

Humus
Kichererbsencreme

Von *Humus* kann man süchtig werden! Die Creme ist nicht nur als Vorspeise begehrt, sondern auch als Aufstrich zum Frühstück sehr beliebt.

250 g Kichererbsen, getrocknet
1½ l kaltes Wasser
Saft von 3 Zitronen
  2 Knoblauchzehen
Salz, 140 g Tahin
  ½ TL Kreuzkümmel, gemahlen
  1 Bund glatte Petersilie
  1 TL Paprikapulver, edelsüß
  5 EL Olivenöl, kalt gepresst

1 Kichererbsen waschen und in reichlich kaltem Wasser (das Wasser muss die Kichererbsen vollkommen bedecken) über Nacht einweichen.
2 Am nächsten Tag die Kichererbsen abtropfen lassen, in einen Topf mit 1½ l Wasser geben, zum Kochen bringen und in 40–45 Minuten gar kochen.

3 Nach dem Kochen etwas abkühlen lassen, Kichererbsen in ein Sieb schütten und die Haut entfernen (die Erbse leicht zwischen Daumen und Zeigefinger reiben, so lässt sich die Haut abziehen).
4 Kichererbsen im Mixer zerkleinern. Zitronensaft dazugeben und das Püree durch ein Sieb passieren und in eine Schale geben.
5 Knoblauchzehen schälen und in die Creme pressen.
6 Nach Geschmack salzen, *Tahin* und Kreuzkümmel hineinrühren.
7 Petersilie waschen, trocknen, fein hacken und unter das *Humus* mischen.
8 Paprikapulver mit Öl verrühren und auf dem *Humus* verteilen.

Tipp
Wenn die *Humus*-Creme zu dick wird, kann man bei Bedarf noch 3–4 Esslöffel Wasser einrühren, um sie geschmeidig zu machen.

Patlıcan Ezmesi
Auberginenmus

Auberginen sind aus der türkischen Küche nicht wegzudenken. Sie schmecken sehr gut in Eintöpfen und eignen sich hervorragend zum Füllen. Gebraten und mit Knoblauchjoghurt serviert schmecken sie besonders köstlich. Auberginen sind ein Standardgemüse der türkischen Küche.

6 Auberginen
2 Knoblauchzehen
3 EL Olivenöl, kalt gepresst
Saft von ½ Zitrone
½ TL Kreuzkümmel, gemahlen
Salz, Pfeffer und Chilipulver nach Geschmack
250 g Joghurt
1 TL getrocknete Minze

1 Den Backofen auf 240 °C vorheizen.
2 Auberginen waschen, abtrocknen, Spitze und Stielansatz entfernen. Backofen auf 200 °C zurückschalten.
3 Backblech mit Backpapier belegen, jede Aubergine 3- bis 4-mal mit einem Messer einstechen und auf das Blech legen. Auberginen etwa 45 Minuten bei 200 °C auf der mittleren Schiene backen, bis sie sehr weich werden.
4 Aus dem Backofen nehmen, 15 Minuten abkühlen lassen und anschließend die Auberginen schälen.
5 Das Fruchtfleisch in eine Schüssel geben und mit einer Gabel kräftig zerdrücken.
6 Knoblauch schälen, pressen und zum Auberginenmus geben.
7 Nach und nach Öl, Zitronensaft, Kreuzkümmel, Salz, Pfeffer und Chilipulver zugeben und abschmecken. Joghurt mit Minze verrühren und das Püree mit dem Joghurt vermischen.

Tipp
Eine besondere Note erhält dieses Püree, wenn man noch sieben Esslöffel *Tahin* zugibt.

Haydari
Joghurtcreme

Haydari ist eine frische Joghurtcreme, die mit türkischem Feta angereichert wird und so eine besonders würzige Note bekommt.

500 ml Joghurt, 10 % Fett
1–2 Knoblauchzehen
500 g türkischer Feta, 45 % oder 55 % Fett
2 EL Olivenöl, kalt gepresst
1 Bund glatte Petersilie
1 Bund Dill
1 EL getrocknete Minze
Salz und Pfeffer nach Geschmack
Chilipulver nach Geschmack

1 Joghurt in eine Schale geben.
2 Knoblauch schälen, pressen und unterrühren.
3 Feta in einem Teller mit einer Gabel so gut wie möglich zerdrücken, Öl dazugeben und zu einer geschmeidigen Paste rühren, anschließend zum Joghurt geben.
4 Dill und Petersilie waschen, trocken tupfen, klein hacken und in die Creme mischen.
5 Minze unterrühren und mit Salz, Pfeffer und Chilipulver abschmecken.

Tipp
Damit *Haydari* seinen Geschmack richtig entwickeln kann, sollte es im Kühlschrank ca. eine Stunde ziehen.

Yoğurtlu Pancar
Rote Bete mit Joghurt

1 kg Rote Bete
1 mittelgroße Zwiebel
5 Knoblauchzehen
1 Bund glatte Petersilie
5 EL Olivenöl
3 EL Balsamico
10 Basilikumblätter, zerpflückt
300 g milder Joghurt
Salz und Pfeffer
50 g Walnüsse, gehackt

1 Rote Bete waschen und in einen Topf mit reichlich Wasser geben. Das Wasser sollte die Knollen ganz bedecken. 35–40 Minuten kochen, mit kaltem Wasser abschrecken und die Roten Bete schälen.
2 Geschälte Knollen in dünne Scheiben schneiden und auf einem großen Teller anrichten.
3 Zwiebel und Knoblauch schälen, beides klein hacken. Petersilie waschen, klein hacken und dazugeben.
4 Zur Zwiebel-Kräutermischung Öl, Balsamico und Basilikum hinzufügen und in einem Mixer kurz pürieren.
5 Püree mit Joghurt vermischen, anschließend mit Salz und Pfeffer abschmecken und über die Rote-Bete-Scheiben geben. Vor dem Servieren mit gehackten Walnüssen bestreuen.

Çorbalar

Suppen

Suppen werden in der türkischen
Küche üblicherweise als Vorspeise
gereicht. Zu Suppen wird immer
Pide, Fladenbrot oder Weißbrot
serviert. Im türkischen Sprach-
gebrauch wird die Suppe getrunken und nicht gegessen.

Sebze Suyu
Gemüsebrühe

Die meisten Suppen kann man in der Regel mit Wasser zubereiten, aber sie mit Gemüsebrühe zu kochen ist empfehlenswert, um ihnen einen besseren Geschmack zu verleihen. Im Folgenden habe ich ein klassisches Rezept für eine Gemüsebrühe aufgeschrieben, die nach Belieben verändert und erweitert werden kann.

2 Tomaten
3 Möhren
150 g Stangensellerie
1 Zwiebel
1 Knoblauchzehe
20 g Butter
1½ l Wasser
1 Lorbeerblatt
Salz und Pfeffer nach Geschmack

1 Tomaten am Stielansatz einritzen, im kochenden Wasser kurz blanchieren, die Schale entfernen und das Tomatenfleisch klein würfeln. Möhren waschen, schälen und in grobe Stücke schneiden. Sellerie waschen und in grobe Stücke schneiden. Zwiebel und Knoblauch schälen, klein hacken.
2 Butter in einem Topf erhitzen, Zwiebeln und Knoblauch zugeben und hell anschwitzen. Tomaten zugeben, kurz verrühren. Dann Möhren und Sellerie zugeben und kurz umrühren.
3 Wasser zugießen, aufkochen lassen, Lorbeerblatt einlegen, salzen und pfeffern und bei mittlerer Hitze das Gemüse weich kochen.
4 Die Brühe durch ein Sieb in einen Behälter zur weiteren Verwendung abgießen. Alternativ das weich gekochte Gemüse als Cremesuppe entweder mit einem Stabmixer oder durch ein Sieb pürieren. Ist die Suppe zu dickflüssig, mit etwas heißem Wasser strecken.

Tipp
Wird die Gemüsebrühe nicht sofort verwendet, kann sie in dafür geeigneten Gefrierbeuteln, Eisbehältern und Ähnlichem tiefgefroren werden. Darauf achten, dass nicht zuviel Brühe in einem Beutel eingefroren wird, damit sie später besser portioniert werden kann. Zur Verwendung einfach früh genug aus dem Eisfach entnehmen und in einem Topf auftauen lassen.

Ezo Gelin Çorbası
Suppe der Braut Ezo

Dieses Gericht hat eine lange Geschichte, die zwar von Quelle zu Quelle variiert, im Wesentlichen aber auf das Drama der Braut Ezo zurückgeht. Die Geschichte der Braut Ezo, die sich tatsächlich im Osten der Türkei zugetragen haben soll, handelt von der unerfüllten Liebe einer Braut namens Ezo, die ein tragisches Ende nimmt. Aus diesem Grund wurde der Braut Ezo nicht nur einer der schönsten und zugleich melancholischsten Filme des Landes gewidmet, sondern unter anderem auch diese Suppe.

100 g rote Linsen
100 g feiner Bulgur
1 mittelgroße Zwiebel
60 g Butter
2 EL Tomatenmark
1¾ l Wasser
Salz und schwarzer Pfeffer nach Geschmack
1 TL Chiliflocken
1 TL getrocknete Minze
nach Belieben: Saft von 1 Zitrone

1 Linsen verlesen, in einem Sieb kalt abbrausen und abtropfen lassen. Bulgur genau wie die Linsen in einem Sieb abbrausen und abtropfen lassen.

2 Zwiebel schälen und würfeln. Die Hälfte der Butter in einem Topf zerlassen und Zwiebelwürfel darin glasig dünsten. Anschließend Linsen, Bulgur und Tomatenmark dazugeben und verrühren, zum Schluss Wasser zugießen. Die Suppe etwa 45 Minuten bei mittlerer Hitze kochen lassen und zwischendurch immer wieder umrühren.
3 Suppe kurz abkühlen lassen, durch ein Sieb passieren und zurück in den Topf schütten. Bei Bedarf die Suppe mit etwas heißem Wasser verdünnen und noch einmal aufkochen lassen.
4 Mit Salz, Pfeffer und Chili abschmecken.
5 Restliche Butter in einer Bratpfanne zerlassen, Minze dazugeben, bis die Butter aufschäumt. In die Suppe geben und umrühren.
6 Wenn man möchte, kann man nach dem Servieren die Suppe mit etwas Zitronensaft verfeinern.

Yayla Çorbası
Almsuppe

Diese Suppe ist ein typisches Gericht, das gerne auf der Alm – *Yayla* – gegessen wird und dort auch ihren Ursprung hat. Noch heute wandern im Sommer viele Bauernfamilien in den ländlichen Regionen auf die Alm, um dort bis zum Spätherbst mit ihren Herden zu leben.

100 g Reis
1 mittelgroße Zwiebel, 30 g Butter
1½ l Gemüsebrühe (siehe Seite 52)
250 g Joghurt, 2 frische Eigelb
Salz und schwarzer Pfeffer nach Geschmack
1 EL getrocknete Minze
Saft von ½ Zitrone

1 Reis unter fließendem Wasser kurz abbrausen und abtropfen lassen.
2 Zwiebel schälen, klein hacken und mit der Hälfte der Butter so lange dünsten, bis die Zwiebel glasig wird.
3 Gemüsebrühe und Reis zu den Zwiebeln geben und ca. 15–20 Minuten kochen, bis der Reis gar ist. Dann die Suppe von der Kochstelle nehmen und abkühlen lassen.
4 Joghurt in eine Schüssel geben und mit den Eigelben gut verrühren. Einige Esslöffel der warmen, nicht heißen Brühe in die Joghurtmischung rühren. Schließlich den gesamten Joghurt in die Suppe einrühren.
5 Suppe unter Rühren kurz erhitzen, nicht mehr aufkochen lassen, da sonst der Joghurt ausflockt.
6 Almsuppe mit Salz und Pfeffer abschmecken.
7 Restliche Butter in einer Bratpfanne zerlassen, getrocknete Minze einrühren und umrühren, bis die Butter schäumt. Diese Mischung in die Suppe geben und umrühren.
8 Zitronensaft beim Servieren separat dazu reichen, damit die Suppe je nach Geschmack verfeinert werden kann.

Mercimek Çorbası
Linsensuppe

Die Linsensuppe ist ein absoluter Klassiker der türkischen Küche und wird in jedem Haushalt anders zubereitet. Hier wird die klassische Variante vorgestellt. Den besonderen Pfiff bekommt die Suppe, wenn vor dem Verzehr ein paar Spritzer Zitronensaft zugegeben werden.

1 Kartoffel, mehlig kochend
je 1 mittelgroße Möhre und Zwiebel
1 Knoblauchzehe
1 Stange Staudensellerie
1 l Wasser
200 g rote Linsen
Salz und schwarzer Pfeffer nach Geschmack
20 g Butter
2 EL getrocknete Minze
1 TL Paprikapulver, nach Belieben scharf

1 Kartoffel, Möhre, Zwiebel und Knoblauchzehe schälen. Knoblauchzehe pressen und das restliche Gemüse in daumengroße Stücke schneiden.
2 Wasser in einen Topf geben, klein geschnittenes Gemüse und rote Linsen hineingeben und alles ca. 30 Minuten kochen lassen.
3 Nachdem das Gemüse weich gekocht ist, den Topf vom Herd nehmen und alles mit einem Stabmixer zu feiner Konsistenz pürieren.
4 Anschließend die Suppe mit Salz und Pfeffer würzen.
5 Butter in einer Bratpfanne zerlassen, Minze und Paprikapulver zugegeben und vorsichtig anrösten, bis die Butter anfängt leicht zu schäumen. Sofort in die Suppe geben, nochmals umrühren und servieren.

◄ Oben: Linsensuppe und Spinatsuppe
   (siehe Seite 57); unten: Kaukasische Suppe

Kafkas Çorbası
Kaukasische Suppe

In der ganzen Türkei ist das Gericht als Wintersuppe sehr beliebt. Es stammt ursprünglich von kaukasischen Türken. Scharf gewürzt ist diese Suppe ein pikantes Mahl.

2 kleine Steckrüben
1 kleine Sellerieknolle
4 Blätter Weißkohl/Kabis
1 große Möhre
1 mittelgroße Zwiebel
3 EL Butter
1½ l Gemüsebrühe (siehe Seite 52)
50 g Suppennudeln
3 Eigelb
50 ml Wasser
Salz, schwarzer Pfeffer nach Geschmack
1 TL Rosenpaprikapulver

1 Steckrüben, Sellerieknolle, Weißkohlblätter und Möhren waschen, putzen und alles in kleine Stücke schneiden. Zwiebel schälen und in Würfel schneiden.
2 Butter in einem Topf zerlassen und Zwiebelwürfel darin glasig dünsten. Dann das Gemüse zufügen und alles drei Minuten weiterdünsten.
3 Mit Gemüsebrühe auffüllen und das Gemüse bei schwacher Hitze 15 Minuten gar kochen. Fünf Minuten vor Ende der Garzeit die Suppennudeln zufügen und weiterkochen lassen.
4 Eigelbe mit etwas Wasser verquirlen, den Topf vom Herd nehmen und die Eigelbmischung in die Suppe einrühren. Die Suppe darf nicht mehr kochen, da sonst die Eigelbe stocken.
5 Mit Salz, Pfeffer und Rosenpaprikapulver abschmecken.

Bezelye Çorbası
Erbsensuppe

Ich empfehle, immer frische oder tiefgekühlte
grüne Erbsen zu nehmen. Man kann grüne Erbsen
zwar auch aus der Dose verwenden, aber sie sind
nicht so aromatisch, vitaminreich und knackig wie
frische Erbsen. Es würden auch getrocknete Erbsen
gehen, aber diese müssen zuvor über Nacht in
kaltem Wasser eingeweicht werden. Erbsen – wie
auch andere Hülsenfrüchte – immer erst nach dem
Garen salzen, damit sie nicht hart werden.

  2 kleine Zwiebeln
  1 Bund glatte Petersilie
500 g Erbsen, frisch oder TK-Ware
 1½ l Gemüsebrühe (siehe Seite 52)
Salz und schwarzer Pfeffer nach Geschmack
  6 Scheiben Weißbrot
  3 EL Butter
  ½ TL Rosenpaprika

1 Zwiebeln schälen und klein hacken, Petersilie
waschen und klein schneiden.
2 Zwiebeln und Petersilie mit den Erbsen in einen
Topf geben, 1¼ l der Brühe zugießen und 20 Minuten bei mittlerer Stufe kochen lassen.
3 Dann die Suppe durch ein Sieb in einen anderen
Topf streichen. Restliche Brühe zugeben und die
Suppe bei mittlerer Hitze weitere 15 Minuten kochen lassen. Zum Schluss mit Salz und Pfeffer abschmecken.
4 Während die Suppe köchelt, Brotscheiben in
3 cm große Würfel schneiden. Butter in einer Bratpfanne zerlassen und die Brotwürfel darin rösten.
Mit Paprikapulver überstäuben.
5 Die fertige Erbsensuppe auf Teller verteilen und
mit gerösteten Brotwürfeln garnieren.

Ezme Sebze Çorbası
Passierte Gemüsesuppe

Gemüsesuppe lässt sich auch in größeren Mengen
sehr gut zubereiten. Man kann sie portionsweise
einfrieren und hat so immer schnell eine Suppe
parat.

  3 Kartoffeln, mehlig kochend
  1 kleine Sellerieknolle
  2 mittelgroße Möhren
  2 Stangen Lauch/Porree, nur das Weiße
  3 Blätter Weißkohl/Kabis
  1 mittelgroße Zwiebel
  2 EL Butter
  2 EL Tomatenmark
  1 EL Weizenmehl, Typ 405
1¼ l Gemüsebrühe (siehe Seite 52)
Salz und schwarzer Pfeffer nach Geschmack
Nach Belieben: 1 TL Chilipulver

1 Kartoffeln, Sellerieknolle und Möhren waschen,
schälen und alles in kleine Würfel schneiden.
Lauchstangen der Länge nach halbieren, mit den
Weißkohlblättern ebenfalls waschen und beides
klein schneiden. Zwiebel schälen und in kleine
Würfel schneiden.
2 Butter in einem Topf erhitzen, Tomatenmark
einrühren und Zwiebelwürfel darin glasig dünsten.
Mehl dazugeben und umrühren, anschließend das
Gemüse zugeben und andünsten.
3 Gemüsebrühe zum Gemüse geben, aufkochen
lassen und alles in 30 Minuten gar kochen.
4 Suppe durch ein Sieb in einen anderen Topf um-
füllen und das Gemüse dabei auffangen. Das Gemüse durch ein Sieb in die Brühe passieren.
5 Zum Schluss mit Salz, Pfeffer und eventuell Chilipulver abschmecken.

Ispanak Çorbası
Spinatsuppe

Die Spinatsuppe schmeckt mit frischem Spinat besonders aromatisch. Man kann sie aber auch mit aufgetautem Blattspinat zubereiten. Sehr erfrischend ist diese Suppe, wenn man ihr auf dem Teller noch einen Esslöffel Joghurt beimischt.

125 g **Sellerieknolle**
  2 große **Möhren**
1½ l   **Gemüsebrühe (siehe Seite 52)**
300 g **Spinat**
  3 EL **Butter**
  2 EL **Weizenmehl, Typ 405**
  1 **Knoblauchzehe**
  4 **Eigelb**
Saft von 1 **Zitrone**
  2 EL **glatte Petersilie, fein gehackt**
  2 EL **Dill, fein gehackt**
Salz und Pfeffer nach Geschmack

1 Sellerie und Möhren waschen, schälen und beides unzerkleinert in der Gemüsebrühe 20 Minuten kochen.

2 Spinat verlesen und gründlich in reichlich Wasser waschen, abtropfen lassen und sehr fein schneiden.

3 Frischen Spinat für 10 Minuten in kochendes Wasser geben und durch ein Sieb abgießen. Aufgetauten Blattspinat abtropfen lassen.

4 Sellerie und Möhren aus der Brühe holen, nach Belieben in kleine Streifen oder Würfel schneiden und zur Seite stellen. Brühe zur Weiterverwendung bereithalten.

5 Butter in einem Topf zerlassen, Mehl darin anschwitzen. Knoblauchzehe schälen, klein hacken, in die Mehlschwitze geben und mit der Brühe ablöschen.

6 Eigelbe mit Zitronensaft gut verrühren.

7 Spinat, klein geschnittenes Gemüse und Eigelbmischung in die Brühe geben. Petersilie und Dill einstreuen, nach Geschmack salzen, pfeffern und alles noch 10 Minuten ziehen – nicht kochen – lassen.

Sütlü Badem Çorbası
Mandelmilchsuppe

Die besten und geschmacksintensivsten Mandeln in der Türkei, wovon es übrigens sechs verschiedene Sorten gibt, kommen aus *Datça* im Süden der Türkei. Es gibt die Sorten *Nurlu, Ak, Kabadağ, Dedebağ, Sıra* und *Diş*. Mandeln der höchsten Qualität heißen *Nurlu* und *Dişli*-Mandel.

Die zarteste Sorte ist die *Dişli*-Mandel (*Diş* = Zahn), ihre dünne Schale kann man mit den Zähnen knacken.

Reife Mandeln werden in den Monaten Mai und Juni durch Auslösen aus den Schalen gewonnen. Diese Mandeln werden zwischen Eiswürfel gebettet auf Tabletts in Kneipen von umherziehenden Verkäufern angeboten. Die Mandeln, die man in den Monaten Juli bis August sammelt, nachdem die Schale am Baum aufgeplatzt ist und die anschließend in der Sonne getrocknet werden, nennt man *Badem* (Mandel) oder *Kuru Badem* (Trockene Mandel). Sie werden mit oder ohne Schale zum Verkauf angeboten. Die Einwohner von *Datça* füllen getrocknete Feigen mit einer oder zwei dieser *Badem* und garen sie im Ofen. Der Name dieser Süßspeise ist *Bademli İncir*, Feigen mit Mandeln. Oder man vermischt die Mandeln mit Honig und bietet sie in einem irdenen Einmachgefäß als *Ballı Badem*, Mandeln mit Honig, an.

100 g Mandeln
500 ml heißes Wasser
¼ l   Milch
  3 EL Weizenmehl, Typ 405
  1 l   Gemüsebrühe (siehe Seite 52)
Salz nach Geschmack

1 Mandeln in kochendem Wasser eine Minute abbrühen, dann die Haut abziehen. Mandelkerne zusammen mit Milch in einen Mixer geben und pürieren. Die Mandelmilch in eine Schüssel gießen und vorsichtig mit Mehl verrühren (es dürfen keine Klümpchen entstehen).
2 Gemüsebrühe in einem Topf zum Kochen bringen und die Mandelmilch langsam und unter ständigem Rühren mit der Brühe vermischen.
3 Mit Salz abschmecken und die Suppe bei schwacher Hitze 15 Minuten weiterköcheln lassen.

Ara Yemekler

Schnell zubereitete,
kleine Gerichte

Çılbır
Pochierte Eier

Dieses Eiergericht passt sehr gut zu Blattsalaten, z. B. zu Portulaksalat (siehe Seite 40).

 3 Knoblauchzehen
250 g Joghurt
1½ l Wasser
 ½ EL Salz
 5 TL Essig (Sorte nach Geschmack)
 4 Eier
 1 EL Butter
 ½ EL Rosenpaprikapulver
 1 Bund Schnittlauch, fein gehackt

1 Knoblauchzehen schälen, in den Joghurt pressen, mit Salz abschmecken und den Joghurt auf einen großen flachen Teller geben.
2 Wasser in einen Topf füllen, Salz und Essig zugeben und aufkochen. In das kochende Wasser nach und nach die Eier aufschlagen und über einen Löffelrücken vorsichtig ins Wasser gleiten lassen. Eier so lange kochen, bis das Eiweiß hart wird.
3 Eier mit einem Schaumlöffel herausnehmen und auf den Teller mit dem Joghurt geben.
4 Butter in einer Bratpfanne zerlassen, Rosenpaprika dazugeben und verrühren, bis die Butter aufschäumt, anschließend über den Eiern verteilen.
5 Mit fein gehacktem Schnittlauch bestreuen.

◀ Oben: Pochierte Eier; unten: Portulaksalat
  (siehe Seite 40)

Peynirli Mantar
Champignons mit Käse

Dies ist ein Rezept, das schnell vorbereitet ist und beliebig variiert werden kann. Sie können noch 1–2 Knoblauchzehen hinzufügen oder es mit einer ganz fein gewürfelten Tomate ergänzen. Statt *Kaşar* können Sie Schafskäse nehmen – wer mag, kann eine Prise Muskatnuss dazugeben.

 10 große Champignons
  2 Frühlingszwiebeln oder 1 mittelgroße Speisezwiebel
  1 Bund glatte Petersilie
100 g Kaşar-Käse (siehe Seite 32)
  4 EL Milch
  2 TL getrocknete Minze
  1 TL Thymian
  ½ TL Rosmarin
Salz und Pfeffer nach Geschmack
 30 g weiche Butter
  2 TL Paprikapulver, edelsüß

Backpapier

1 Backofen auf 180 °C vorheizen.
2 Champignons putzen, trocknen, Stiele entfernen und die Köpfe nebeneinander auf ein mit Backpapier ausgelegtes Backblech aufreihen.
3 Für die Füllung Champignonstiele ganz fein hacken und in eine Schüssel geben. Frühlingszwiebeln ganz fein hacken und zu den Stielen geben. Petersilie waschen, trocknen, fein hacken und dazugeben, *Kaşar* darüber reiben, Milch zugeben, anschließend Minze, Thymian, Rosmarin, Salz und Pfeffer untermischen und verrühren.
4 In die Champignonköpfe jeweils eine erdnussgroße Menge Butter streichen und etwas von der Füllung zugeben.
5 Paprikapulver darüberstäuben und die gefüllten Champignons im Backofen 15–20 Minuten backen.

Zeytinyağlı Pırasa
Porree in Olivenöl

Es gibt eine Vielzahl an Gerichten, die traditionell mit reichlich Olivenöl angerichtet werden und sich in der Zubereitung ähneln. Früher, als es keine Kühlschränke gab, wurden so Gemüsegerichte einige Tage haltbar gemacht.

Das folgende Gericht lässt sich, was die Gemüseauswahl anbelangt, beliebig variieren. Es können statt Lauch oder Porree, Sellerie oder Artischockenherzen, grüne Bohnen, Kartoffeln usw. verwendet werden. Gern wird zu diesen Gerichten *Pilav* und / oder mit Knoblauch verfeinerter Joghurt gereicht.

1 kg Lauch/Porree
2 mittelgroße Möhren
2 EL Reis
8 EL Olivenöl, kalt gepresst
1 EL Ingwer, frisch gerieben
1½ TL Zucker
Salz, Pfeffer nach Geschmack
Saft von 1 Zitrone

1 Porree waschen, wenn nötig die äußeren Blätter entfernen, und in dünne Ringe schneiden.
2 Möhren waschen, schälen und in dünne Scheiben schneiden.
3 Reis in einem Sieb waschen und abtropfen lassen.
4 Öl in einem Topf erhitzen, Ingwer einrühren und dann Porree zugeben, etwas andünsten und bei schwacher Hitze ca. 10 Minuten köcheln lassen.
5 Reis, Möhren und Zucker hinzufügen und verrühren. Mit Salz und Pfeffer abschmecken und das Gericht ca. 20 Minuten bei mittlerer Hitze köcheln lassen.
6 Zitronensaft entweder dem fertigen, abgekühlten Gericht zugeben oder getrennt dazureichen.

Mücver
Zucchinipuffer

Über die Zucchinipuffer kann frischer Joghurt mit Knoblauch gegeben werden. *Mücver* schmecken auch zu Salaten oder *Haydari* (siehe Seite 49).

500 g Zucchini
2 Frühlingszwiebeln
4 EL Mehl
je ½ Bund Dill und glatte Petersilie
2 Eier
Salz, Pfeffer nach Geschmack
1 TL Rosenpaprikapulver
1 TL frische Minze, gehackt
reichlich Sonnenblumenöl zum Braten

1 Zucchini waschen, die Enden kappen, schälen und in eine Schüssel reiben.
2 Frühlingszwiebeln waschen, halbieren, in feine Ringe schneiden und zur geriebenen Zucchini geben, mit Mehl überstreuen und vermischen.
3 Dill und Petersilie waschen, die Blättchen fein hacken und zur Masse geben.
4 Eier, Salz, Pfeffer, Rosenpaprikapulver und die Minze zugeben und alles sehr gut durchmischen.
5 Öl in eine tiefe Bratpfanne gießen (ca. ½ cm hoch) und erhitzen.
6 Von der Zucchini-Masse jeweils zwei gehäufte Esslöffel in das heiße Öl geben, etwas flachdrücken und bei mittlerer Hitze braten. Wenn eine Seite goldbraun gebraten ist, die Zucchinipuffer wenden.
7 Die von beiden Seiten goldbraun gebratenen Puffer aus der Pfanne nehmen, auf Küchenkrepp gut abtropfen lassen und heiß servieren.

Tipp
Puffermasse mit je zwei geraspelten Kartoffeln oder Möhren ergänzen. Pikant wird es mit 100 g zerbröckeltem Schafskäse.

Baharatlı Bamya
Okra mit Gewürzen

Dieses Gericht lässt sich mit frischen Okraschoten oder mit Okraschoten aus dem Glas zubereiten. Die frischen Schoten waschen und den Stielansatz mit einem Messer abschneiden. Bis zur Weiterverarbeitung in eine Schüssel mit Wasser und einem Spritzer Zitronensaft geben, damit die Schoten nicht braun werden (mindestens 10 Minuten). Okraschoten aus dem Glas in ein Sieb geben und mit kaltem Wasser abwaschen. Okras aus dem Glas sind bereits fast gar und müssen nicht mehr so lange gekocht werden.

1 mittelgroße Zwiebel
2 Knoblauchzehen
3 große, reife Tomaten
4 EL Olivenöl
500 g Okraschoten
Salz nach Geschmack
Saft von ½ Zitrone
2 EL Ingwer, frisch gerieben
2 TL Koriander, gemahlen
½ TL Kurkumapulver

1 Zwiebel und Knoblauchzehen schälen und klein hacken.
2 Tomaten waschen, häuten, Fruchtfleisch in kleine Würfel schneiden.
3 Öl in einen Topf geben und erhitzen. Zwiebeln, Knoblauch und Tomaten zugeben und zart anrösten.
4 Dann Okraschoten zugeben, Salz und Zitronensaft hinzufügen und ca. 25 Minuten bei mittlerer Hitze garen.
5 Ingwer, Koriander und Kurkuma 10 Minuten vor Ende der Garzeit zugeben und verrühren.

Tipp
Ist der beim Kochen austretende milchige Schleim unerwünscht, die Schoten fünf Minuten in kochendem Wasser mit einem Schuss Essig blanchieren, mit kaltem Wasser abschrecken und abtropfen lassen.

Kabak Çiçeği dolması
Gefüllte Kürbisblüten

Kürbisblüten sind eine köstliche Delikatesse. Man bekommt sie in gut sortierten türkischen Lebensmittelgeschäften. Sie blühen von Juni bis Ende September.

    3 kleine Zwiebeln
    2 kleine Tomaten
    ½ Bund glatte Petersilie
    ½ Bund Dill
100 ml Olivenöl, kalt gepresst
    2 TL Pinienkerne
  50 g   Reis
  50 g   feiner Bulgur
250 ml Wasser
    2 EL getrocknete Minze
    ½ TL Piment, gemahlen
    ½ TL Zimt, gemahlen
    1 TL Salz
Pfeffer nach Geschmack
  25 Kürbisblüten
ca. ½ l Wasser

1 Zwiebeln schälen und fein würfeln. Tomaten am Stielansatz einritzen, kurz in heißes Wasser legen, häuten und Tomatenfleisch in kleine Würfel schneiden. Petersilie und Dill waschen, trocken tupfen und klein hacken.
2 Öl in einer Bratpfanne erhitzen, Zwiebeln darin glasig dünsten, Pinienkerne zugeben und kurz rösten, dann die Tomaten zugeben, kurz umrühren. Reis und Bulgur zugeben, Wasser angießen, umrühren und bei mittlerer Hitze so lange kochen lassen, bis Reis und Bulgur das Wasser aufgesogen haben.

3 Pfanne vom Herd nehmen. Petersilie, Dill, Minze, Piment, Zimt, Salz und Pfeffer zugeben und verrühren.
4 Kürbisblüten kurz abbrausen und dann in jede Blüte etwa einen Esslöffel von der Füllung geben. Die Blüten verschließen (zudrehen) und in einem Topf stehend nebeneinander aufreihen.
5 Wenn alle Blüten im Topf sind, Wasser zugießen, bis die Blüten knapp bis zur Hälfte im Wasser stehen.
6 Einen Teller auflegen, damit die Blüten beim Kochen zusammengehalten werden. Dann bei schwacher Hitze ca. 15 Minuten kochen.

Tipp:
Dazu passt Fladen- oder das klassische Weißbrot, auch Joghurtcreme (siehe Seite 49) und Portulaksalat (siehe Seite 40) schmecken gut dazu.

Oben: *Haydari* (Seite 49); unten: Gefüllte Kürbisblüten ▶

Menemen
Rührei mit Gemüse

Ein einfaches und leckeres Gericht, das auch Gegenstand vieler Geschichten ist. *Menemen* war das klassische Gericht der ersten Gastarbeitergeneration. Der Grund ist simpel: All die jungen Männer, die ihre Heimat verließen, um in Deutschland ihr Glück zu suchen, waren nicht gerade in die Kochkünste ihrer Mütter oder Frauen eingeweiht. Aber auch in der Fremde musste gegessen werden. Das Gericht, das sich am besten zum Selbermachen anbot, war *Menemen*. Es geht rasch, schmeckt lecker und ist nahrhaft – und alle Zutaten wurden trotz der Sprachdefizite in den Lebensmittelläden wiedererkannt.

3 Fleischtomaten
2 mittelgroße Zwiebeln
1 Knoblauchzehe
8 grüne Spitzpaprika
1 kleine, scharfe Peperoni/Peperoncini
1 Bund Dill
1 Bund Schnittlauch
1 Bund glatte Petersilie
4 EL Olivenöl, kalt gepresst
4 Eier
Salz, Pfeffer und Paprikapulver nach Geschmack

1 Tomaten am Stielansatz einritzen, für zwei Minuten in heißes Wasser geben, häuten und Tomatenfleisch in kleine Würfel schneiden. Zwiebeln und Knoblauchzehe schälen und in kleine Würfel schneiden. Spitzpaprika und Peperoni waschen, halbieren, Kerngehäuse entfernen und in feine Streifen schneiden. Dill, Schnittlauch und Petersilie waschen, trocknen und fein hacken.
2 Öl in einer Bratpfanne erhitzen, Zwiebelwürfel zugeben und bei mittlerer Temperatur anschwitzen. Wenn sie etwas glasig geworden sind, erst Knoblauch, dann Spitzpaprika und Peperoni zugeben und weiterdünsten.
3 Sind die Paprika leicht angebraten, gewürfelte Tomaten zugeben und unter Rühren weitergaren, bis das Gemüse noch bissfest ist.
4 Nach und nach Eier zum Gemüse in die Pfanne schlagen, kurz verrühren, Salz, Pfeffer und Paprikapulver zugeben und die Eier stocken lassen.
5 Zum Schluss die gehackten Kräuter unterziehen.

Tipp
Wer mag, kann *Menemen* auch mit Pilzen zubereiten. Dazu z. B. Champignons in Streifen schneiden und zu den gebratenen Zwiebeln geben und weiter nach Rezept verfahren.

Peynir Soslu Karnabahar
Blumenkohl mit Käsesauce

Auch in der türkischen Küche gibt es die bekannte Kombination Blumenkohl und Käsesauce. Die Tomaten geben dem Ganzen einen sonnigen Geschmack. Blanchierte Blumenkohlröschen können aber auch in Olivenöl gebraten werden. Eine Variante ist, den Blumenkohl vor dem Braten durch ein verquirltes Ei zu ziehen.

1½ l   Wasser
1 TL Salz
450 g   Blumenkohl, geputzt, in Röschen zerteilt
10 g   Butter
4–6 Kirschtomaten

Für die Sauce:
1 Stange Lauch/Porree
25 g   Butter
1 Knoblauchzehe
1 EL Mehl
300 ml Milch
Salz und Pfeffer nach Geschmack
½ TL Paprikapulver
1 Prise Muskat
150 g   Tulum-Käse
1 Bund glatte Petersilie, gehackt

1 Den Ofen auf 200 °C vorheizen.
2 Wasser mit einem Teelöffel Salz aufkochen, Blumenkohlröschen zugeben, 15 Minuten garen und anschließend abtropfen lassen.
3 Eine Auflaufform mit Butter einfetten, den Blumenkohl darin verteilen. Tomaten waschen, den Stielansatz ausschneiden, und die Tomaten je nach Größe vierteln oder achteln und über den Blumenkohl geben.
4 Für die Sauce den Lauch in schmale Ringe schneiden. Butter in einer Bratpfanne erhitzen, Knoblauch schälen, klein hacken, mit dem Lauch zur Butter geben und kurz andünsten, das Mehl einrühren und eine weitere Minute anschwitzen. Nach und nach die Milch zugießen und gut verrühren. Mit Salz, Pfeffer, Paprika und Muskat würzen, 50 g Käse einrühren und aufkochen lassen.
5 Sauce über dem Gemüse verteilen, mit dem restlichen Käse bestreuen und im Backofen bei 200 °C ca. 20 Minuten überbacken.
6 Mit gehackter Petersilie bestreut servieren.

Ana Yemekler

Hauptgerichte

Imam Bayıldı
Der Imam ist in Ohnmacht gefallen

Imam Bayıldı ist ein typisches Gericht, das auch gerne zubereitet wird, wenn sich Gäste ankündigen. Die Legende besagt, dass einst ein Imam, der dieses Gericht gekostet habe, vor Entzücken umgefallen sei.

  4 mittelgroße Auberginen
1½ l   kaltes Wasser
1½ EL Salz
  2 mittelgroße Zwiebeln
  3 Knoblauchzehen
  4 mittelgroße Tomaten
  2 Spitzpaprika (Carliston biber)
  1 Bund glatte Petersilie
Pfeffer, nach Geschmack
  1 TL Zucker
200 ml Olivenöl, kalt gepresst
350 ml Wasser

1 Auberginen waschen, abtrocknen und vom Stielansatz her fingerdicke Streifen abschälen. Den Stiel stehen lassen. Jede Aubergine mit einem Messer der Länge nach tief einschneiden, sodass sich eine Tasche bildet. 1½ Liter Wasser und einen Esslöffel Salz in einer Schüssel mischen und die aufgeschnittenen Auberginen etwa 30 Minuten darin wässern.
2 In der Zwischenzeit Zwiebeln und Knoblauchzehen schälen und klein hacken. Zwei Tomaten am Stielansatz kreuzweise einschneiden, heiß überbrühen, häuten, Stielansatz entfernen und das Fruchtfleisch grob würfeln. Spitzpaprika waschen, halbieren, Stiele und Kerne entfernen und Paprika in dünne Streifen schneiden. Petersilie waschen, trocken tupfen und fein hacken. Alles zusammen in eine Schüssel geben, restliches Salz, Pfeffer und Zucker hinzufügen und verrühren.
3 Auberginen abwaschen und die restliche Flüssigkeit ausdrücken. Öl in einer tiefen Bratpfanne erhitzen und Auberginen von allen Seiten 5–7 Minuten anbraten. Anschließend die Auberginen herausnehmen, Taschen auseinanderziehen und eine Mulde in jede Aubergine drücken. Pfanne mit dem Öl beiseite stellen.

4 Backofen auf 160 °C (Umluft 140 °C) vorheizen. Vorbereitete Gemüsemischung in die Pfanne mit dem Öl geben, 200 ml Wasser zugießen und ca. 10 Minuten köcheln lassen.

5 Gegartes Gemüse abgießen und die Flüssigkeit auffangen. Auberginen mit dem Gemüse füllen und in eine Auflaufform legen. Restliche zwei Tomaten achteln (Stielansatz enfernen) und die gefüllten Auberginen damit verzieren.

6 Aufgefangene Gemüsekochflüssigkeit sowie 150 ml Wasser zu den Auberginen in die Form gießen und mit Alufolie bedecken. Im Ofen ca. 35 Minuten garen, eventuell etwas Wasser nachgießen.

Tipp

Als Beilage *Pilav* (siehe Seite 82) und Joghurtcreme (siehe Seite 49) reichen.

Kuru Fasulye
Weiße-Bohnen-Eintopf

Zu *Kuru Fasulye* muss definitiv *Pilav* serviert werden. Es gibt in der Türkei sogar Imbissstuben, in denen hauptsächlich *Kuru Fasulye* mit *Pilav* angeboten wird. Es kann noch Salat oder eingelegtes Gemüse – *Turşu* – dazu serviert werden, aber die wahren Kenner und Liebhaber von *Kuru Fasulye* essen diesen Eintopf mit rohen Zwiebeln. Der Clou dabei ist, dass die Zwiebel mit einem gekonnten Faustschlag in zwei Hälften geteilt wird und anschließend genüsslich zu dem Eintopf verspeist wird. Wenn Sie nicht gerade eine Verabredung haben, versuchen Sie es, dann werden sie vielleicht die Leidenschaft für *Kuru Fasulye* mit *Pilav* und Zwiebel teilen.

2 große Tomaten
2 kleine scharfe Peperoni/Peperoncini
1 große Zwiebel
2 kleine Möhren
6 EL Olivenöl
2 EL Tomatenmark
850 ml heißes Wasser
1 TL Salz, Pfeffer nach Geschmack
1 TL Kreuzkümmel
1 TL Thymian
1 Glas weiße Bohnen (Abtropfgewicht 500 g)

1 Tomaten am Stielansatz anritzen und im kochenden Wasser kurz blanchieren, Haut entfernen und Tomaten klein würfeln.

2 Peperoni waschen, halbieren, Kerne entfernen und in kleine dünne Scheiben schneiden.

3 Zwiebel schälen und klein würfeln.

4 Möhren schälen und in dünne Scheiben schneiden.

5 Öl in einem Topf erhitzen, Zwiebeln zugeben, glasig dünsten. Peperoni und Möhren zu den Zwiebeln geben und kurz anbraten. Dann Tomatenmark unterrühren, Tomatenwürfel zugeben und unter Rühren kurz weiterkochen.

6 Wasser zugießen, Gewürze zugeben und kurz aufkochen lassen. Bohnen dazugeben und alles gut verrühren. Auf mittlerer Hitze ca. 5–10 Minuten weiterköcheln lassen. Die Möhren sollten beim Servieren noch bissfest sein.

Sebzeli Güveç
Gemüse im Tontopf

Dieses Gericht ist nach dem Tontopf *Güveç* benannt, worin das Essen gegart wird. Falls Sie sich einen Tontopf zulegen möchten, beachten Sie einige Hinweise: Die Töpfe sollten am besten innen und außen unglasiert sein. Vor dem ersten Kochen kurz in kochendes Salzwasser stellen (2–3 Minuten) und danach ohne Deckel gut trocknen lassen. Keine Reinigungs- oder Spülmittel verwenden, es reicht die Töpfe mit heißem Wasser zu säubern. Den Tontopf vor dem Füllen mit etwas Olivenöl oder Butter einreiben.

2 mittelgroße Auberginen
2 große Kartoffeln, festkochend
2 Zucchini
4 Spitzpaprika/Spitzpeperoni
½ Sellerieknolle (ca. 350 g)
2 mittelgroße Zwiebeln
3 Knoblauchzehen
4 mittelgroße Tomaten
150 ml Olivenöl, kalt gepresst
1–1½ TL Salz
1 TL Rosenpaprikapulver
1 TL Kreuzkümmel, gemahlen
1 TL schwarzer Pfeffer
2 EL Tomatenmark
200 ml kaltes Wasser
1 Bund glatte Petersilie

1 Backofen auf 200 °C vorheizen.
2 Auberginen waschen, schälen und in grobe Würfel schneiden. Kartoffeln und Zucchini waschen, schälen und in 1 cm dicke Scheiben schneiden. Paprika und Sellerie waschen, Paprika entkernen, Sellerie schälen und ebenfalls in Scheiben bzw. Würfel schneiden. Zwiebel und Knoblauch schälen und grob würfeln. Tomaten am Stielansatz anritzen und in kochendem Wasser kurz blanchieren, die Haut entfernen und die Tomaten klein würfeln.
3 Drei Esslöffel Öl in eine Bratpfanne geben, Zwiebeln und Knoblauch darin glasig dünsten und in den vorher eingefetteten Tontopf geben. Darauf die Kartoffeln und die Zucchini platzieren, etwas von allen Gewürzen zugeben und dann abwechselnd mit Paprika, Auberginen und Tomaten belegen. Die letzte Schicht schließt mit Tomaten ab. Zum Schluss die restlichen Gewürze mit dem restlichen Öl vermischen und darübergießen.
4 Das Tomatenmark im kalten Wasser auflösen. Petersilie waschen, trocken tupfen, klein hacken, in das aufgelöste Tomatenmark einrühren und über das Gemüse geben.
5 Den Tontopf verschließen und auf der zweiten Schiene von unten bei 200 °C für 60 Minuten im Backofen garen.

Tipp:
Das Gemüse schmeckt am besten, wenn es nach dem Garen noch eine Stunde außerhalb des Backofens ziehen kann und dann warm mit Joghurtcreme (Seite 49) oder *Bulgur Pilavı* (Seite 84) serviert wird.

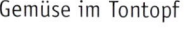

Gemüse im Tontopf ▶

Yaprak Sarma
Gefüllte Weinblätter

Gefüllte Weinblätter schmecken kalt oder warm und werden meistens mit Joghurt, der mit Knoblauch verfeinert wurde, serviert.
Statt der Weinblätter kann man auch wunderbar frische junge Grünkohlblätter nehmen, die ebenfalls in Wasser blanchiert und dann gefüllt werden.

250 g eingelegte Weinblätter (im türkischen Lebensmittelgeschäft erhältlich)
1 l kochendes Wasser
2 Frühlingszwiebeln oder 2 kleine Speisezwiebeln
½ Bund glatte Petersilie
½ Bund Dill
150 ml Olivenöl, kalt gepresst
100 g Pinienkerne
175 g Langkornreis
1 EL Vogelkorinthen (siehe Seite 25)
Salz und Pfeffer nach Geschmack
½ TL Zimtpulver
¼ TL Piment, gemahlen
1 TL getrocknete Minze
200 ml Wasser
Saft von 1 Zitrone

1 Weinblätter in das kochende Wasser legen und ca. 20 Minuten blanchieren. Danach abtropfen lassen und die harten Stiele abschneiden.
2 Frühlingszwiebeln, Petersilie und Dill waschen, abtrocknen und fein hacken.
3 Drei Esslöffel Öl in einer Bratpfanne erhitzen und Frühlingszwiebeln darin glasig dünsten. Dann Pinienkerne zugeben und anrösten. Reis zugeben, kurz umrühren und anschließend Korinthen und alle Gewürze unterheben.
4 Wasser zugießen und zugedeckt bei schwacher Hitze ca. 10 Minuten köcheln lassen, bis das Wasser aufgesogen ist. Zum Schluss Petersilie und Dill untermengen, eventuell nachsalzen.
5 Weinblätter mit der glänzenden Seite nach unten auslegen und je nach Größe des Blattes 1–2 Teelöffel Füllung auf die Blätter geben. Beide Blattseiten über der Füllung einschlagen und das Blatt aufrollen.
6 Die Röllchen mit dem losen Blattende nach unten dicht nebeneinander in einen Topf schichten. Restliches Öl und Zitronensaft über die Röllchen träufeln.
7 So viel heißes Wasser über die Röllchen gießen, bis sie knapp mit Wasser bedeckt sind. Einen umgedrehten Teller zum Beschweren auf die Röllchen legen und ca. 30 Minuten bei etwas weniger als mittlerer Hitze köcheln lassen, bis die Blätter und der Reis gar sind.

Biber Dolma
Gefüllte Paprika

Zum Füllen eignen sich sehr viele Gemüsesorten. Die beliebtesten sind Auberginen, Zucchini, Tomaten oder Zwiebeln und Paprikaschoten.

12 kleine Paprikaschoten / Peperoni
    (Dolmalik Biber, siehe Seite 20)
 5 mittelgroße Tomaten
 2 kleine Zwiebeln
½ Bund glatte Petersilie
½ Bund Dill
400 g Reis
 50 g Butter
 1 EL Pinienkerne
 3 EL Tomatenmark
300 ml heißes Wasser
 1 TL getrocknete Minze
 1 Msp Piment, gemahlen
Salz, Pfeffer nach Geschmack

Sud:
3/8 l   heißes Wasser
 1 TL Salz
 1 EL Tomatenmark

1 Paprika waschen, jeweils einen ½–1 cm dicken Deckel abschneiden, Kerne vorsichtig entfernen und ausgehöhlten Schoten kurz abbrausen. Umgedreht auf einem Sieb abtropfen lassen.

2 Drei Tomaten am Stielansatz anritzen und im kochenden Wasser kurz blanchieren, die Haut entfernen und Tomaten klein würfeln. Restliche Tomaten vom Stielansatz befreien und in dünne Scheiben schneiden.
3 Zwiebeln schälen und sehr klein würfeln. Petersilie und Dill waschen, trocken tupfen und fein hacken. Reis waschen und abtropfen lassen.
4 30 g Butter in einer Bratpfanne zerlassen, Zwiebeln zugeben und glasig dünsten, dann Pinienkerne zugeben und kurz anbraten.
5 Tomatenmark zugeben, so lange rühren, bis es sich gut verteilt hat, dann Tomatenwürfel zugeben und unter Rühren 2–3 Minuten weiterkochen.
6 Reis zugeben, Wasser angießen und kurz aufkochen lassen, dann bei schwacher Hitze köcheln lassen, bis der Reis bissfest ist.
7 Petersilie, Dill, Minze, Piment, Salz und Pfeffer zum Reis geben, umrühren und vom Herd nehmen.
8 Reismischung locker in die Paprikaschoten füllen.
9 Gefüllte Paprikaschoten in einen Topf oder in eine große Form setzen. Tomatenscheiben auf die Paprikaschoten legen. Wasser mit Salz und Tomatenmark verrühren und über die Paprika gießen. Restliche Butter in Flöckchen auf den Schoten verteilen und bei mittlerer Hitze etwa 30 Minuten garen.

Havuçlu Köfte
Möhrenfrikadellen

Möhren sind richtige Allround-Talente. Ob herz-
haft, pikant oder süß – es lassen sich eine Menge
Köstlichkeiten aus Möhren zaubern.

600 g **Möhren**
   1 Bund glatte Petersilie
   1 Bund Dill
   1 EL Mehl
   2 Eier
   1 EL weiche Butter
Salz, Pfeffer nach Geschmack
  ½ TL Kreuzkümmel, gemahlen
  ½ TL Koriander, gemahlen
  ½ TL Majoran
   1 Msp Zucker

Zum Braten:
100 ml Öl

Für die Sauce:
   2 Knoblauchzehen
300 g **Joghurt**
   3 EL Sonnenblumenöl
Salz und Rosenpaprikapulver nach Geschmack

1 Möhren waschen, schälen und fein in eine
Schüssel reiben. Petersilie und Dill waschen,
trocken tupfen, sehr fein hacken und zu den Möhren geben. Mehl zugeben und kurz verrühren,
dann Eier zugeben, vermischen und schließlich
Butter und alle Gewürze untermischen und gut
vermengen.
2 Aus dem Teig kleine oder mittelgroße Frikadellen formen. Etwas Öl in einer Bratpfanne erhitzen
und bei niedriger Hitze die Frikadellen portionsweise von beiden Seiten je ca. fünf Minuten goldbraun braten, Öl nach Bedarf in die Pfanne geben.
3 Für die Sauce Knoblauch schälen, in den Joghurt pressen und mit Salz abschmecken. Öl in
einer kleinen Bratpfanne erhitzen, Rosenpaprikapulver zugeben und vorsichtig anbraten. Paprikaöl
mit dem Joghurt vermischen und zu den Frikadellen reichen.

Tipp
Die Joghurtsauce kann mit fein gehackten Walnüssen / Baumnüssen angereichert werden.

Brüksel Lahanalı Mantar
Rosenkohl mit Champignons

Im Türkischen heißt Rosenkohl übersetzt »Kohl aus Brüssel«, denn Rosenkohl entstand vor mehr als hundert Jahren in der Gegend um Brüssel und gehört zu den jüngsten Kohlarten.

2 große Möhren
1 kg frische kleine Champignons
  (oder nach Geschmack andere Pilze)
15 Steckzwiebeln (im Frühjahr erhältlich)
  oder 8 Schalotten
500 g Rosenkohl
3 Spitzpaprika/Spitzpeperoni
6 Kirschtomaten
je ½ Bund glatte Petersilie und Dill
75 ml Olivenöl, kalt gepresst
4 Knoblauchzehen
1 TL Zitronensaft
je ½ TL Kreuzkümmel- und Thymianpulver
Salz, Pfeffer nach Geschmack

1 Möhren schälen, in Würfel schneiden, Champignons putzen, Zwiebeln schälen und in Würfel schneiden. Rosenkohl waschen, die oberen Blätter entfernen, den Strunk etwas kürzen und kreuzweise leicht einschneiden. Spitzpaprika waschen, entkernen und in Ringe schneiden. Tomaten waschen, den Stielansatz entfernen und die Tomaten vierteln. Knoblauch schälen und fein hacken, Petersilie und Dill waschen und klein hacken.
2 Öl in einem Topf erhitzen, Zwiebeln zugeben und glasig dünsten. Dann Möhren zugeben und kurz anbraten.
3 Rosenkohl und ganze Champignons zugeben, umrühren, Tomaten und Paprika zugeben und nochmals verrühren.

4 Deckel schließen und das Gemüse bei kleiner Hitze im eigenen Saft 7–8 Minuten schmoren lassen, dann Knoblauch, Zitronensaft und Gewürze zugeben und weiterschmoren lassen, bis das Gemüse gar ist. Trocknet das Gemüse zu schnell ein, etwas Wasser zugießen.
5 Zum Schluss Petersilie und Dill unterrühren und noch kurz ziehen lassen.

Yoğurtlu Ispanaklı Kavurma
Gebratener Spinat mit Joghurtsauce

Dieses Gericht schmeckt warm oder kalt gleichermaßen gut: Im Winter warm mit *Pilav* serviert oder im Sommer gut gekühlt zu Linsennocken (Seite 44) oder Möhrenfrikadellen (Seite 76) ergibt es ein schmackhaftes Hauptgericht.

600 g Spinatblätter, frisch oder tiefgekühlt
2 mittelgroße Zwiebeln
2 Knoblauchzehen
3 EL Olivenöl, kalt gepresst
Salz und Pfeffer nach Geschmack
1 Msp Muskat
250 g Joghurt, mild
1 EL Zitronensaft

1 Tiefgekühlten Spinat auftauen lassen; frischen Spinat waschen, abtropfen lassen und in grobe Stücke zupfen.
2 Zwiebeln und Knoblauch schälen und fein würfeln. Öl in einer Bratpfanne erhitzen, Zwiebel- und Knoblauchwürfel im Öl glasig dünsten. Spinat zugeben und kurz anbraten, dann mit Salz, Pfeffer und Muskat abschmecken.
3 Spinat in eine Schüssel geben und mit Joghurt vermengen, nach Wunsch mit Zitrone abschmecken.

Yeşil Fasulye Tavası
Grüne Bohnen aus der Pfanne

Dieses Gericht schmeckt nicht nur köstlich, es ist auch hübsch anzusehen, weil es wie ein Gemüsestern aussieht. Sie brauchen für dieses Gericht jedoch einen Topf oder eine Bratpfanne, in die Sie die ganzen Bohnen, rund um eine Zwiebel, hineinlegen können.

10 Frühlingszwiebeln
1 Bund Dill
2 EL Mehl
Saft von 2 Zitronen
1 kg grüne Bohnen
1 mittelgroße Zwiebel
150 ml Olivenöl, kalt gepresst
2 TL Zucker
Salz und Pfeffer nach Geschmack
ca. 1 l warmes Wasser

1 Frühlingszwiebeln und Dill waschen. Wenn nötig, von den Frühlingszwiebeln die obersten Blätter entfernen und dann ihre Länge der Länge der Bohnen angleichen. Dill grob hacken.
2 Einen Esslöffel Mehl mit dem Saft einer Zitrone vermischen und in eine tiefe Schüssel geben. Bohnen waschen, die Enden abschneiden, wenn nötig die Fäden ziehen. Ganze Bohnen zur Mehl-Zitronensaft-Mischung in die Schüssel geben und vermischen.
3 Zwiebel schälen und mittig in einen großen Topf legen. Nun die Bohnen und die Frühlingszwiebeln abwechselnd rund um die Zwiebel wie einen Strahlenkranz verteilen und die Hälfte des Dills dazwischenstreuen.

4 Restliches Mehl mit dem Saft einer Zitrone vermischen, dann das Öl dazurühren und alles über die Bohnen verteilen.
5 Zucker, Salz und Pfeffer darüberstreuen und so viel warmes Wasser zugießen, bis die Bohnen bedeckt sind.
6 Damit die Bohnen während des Kochens nicht ihre Form verlieren, einen umgedrehten Teller auf die Bohnen legen, möglichst in der Größe des Bohnen-Frühlingszwiebel-Kranzes.
7 Ganz kurz aufkochen und dann bei niedriger Hitzezufuhr ca. ½ Stunde zugedeckt köcheln lassen.
8 Im Topf abkühlen lassen und eventuell etwas Flüssigkeit abgießen. Einen passenden Teller zum Servieren auf die Bohnen legen, den Topf schwungvoll umdrehen, sodass die Bohnen auf dem Teller liegen. Den restlichen Dill darüberstreuen und servieren.

◀ Grüne Bohnen aus der Pfanne

Pirinç ve Bulgur Yemekleri

Reis- und Bulgurgerichte

In der türkischen Küche hat der *Pilav* ungefähr den Stellenwert der Kartoffel in der deutschen Küche.
Pilav wird entweder mit Langkornreis bereitet oder auch aus *Bulgur* und heißt dann *Bulgur Pilavı*.
Es gibt eine Vielzahl von Varianten, wie man *Pilav* zubereiten kann: mit Gemüse, Nüssen oder Kräutern.

Sade Pilav
Reis nach türkischer Art
(Grundrezept)

Ein altes Sprichwort besagt: »Eine gute Hausfrau erkennt man am guten *Pilav*«. Das hatte zur Folge, so erzählt man sich, dass jede frischgebackene Braut der Schwiegermutter zuerst *Pilav* zubereiten sollte, um ihre Fähigkeiten unter Beweis zu stellen.

450 g Langkornreis
  3 EL Butter
  2 EL Şehriye (Fadennudeln)
800 ml heißes Wasser oder Brühe
    (siehe Seite 52)
Salz nach Geschmack

1 Reis in ein feinmaschiges Sieb geben, mit kaltem Wasser gut abbrausen und abtropfen lassen.
2 Butter in einer tiefen beschichteten Bratpfanne zerlassen, *Şehriye* dazugeben und so lange umrühren, bis sie dunkelbraun werden.
3 Gewaschenen Reis dazugeben und kurz umrühren.
4 Dann kochendes Wasser in die Pfanne geben, umrühren und den Deckel schließen. Reis kurz aufkochen und dann bei geringer Wärmezufuhr so lange kochen lassen, bis der Reis das Wasser aufgesogen hat und gar ist.

Tipp

Um Goldpilav – *Altın Pilav* – zuzubereiten, dem kalten Wasser ½ TL Safran zufügen. Das Wasser dann ca. eine halbe Stunde ziehen lassen, bevor man es zum Reis gibt und aufkochen lässt.
Um Hochzeitsreis – *Düğün Pilavı* – zuzubereiten, der zerlassenen Butter noch 100 g Pistazien zugeben und diese zwei Minuten braten.

Saray Pilavı
Gewürzreis aus der Palastküche

Dies ist ein Reisgericht, von dem erzählt wird, dass es schon die Sultane gerne gegessen haben.

250 g   Reis (Patnareis)
 50 g   Korinthen
  1 große Tomate
 40 g   Butter
 50 g   Pinienkerne
 ¾ l   Gemüsebrühe (siehe Seite 52)
 ½ TL   Piment, gemahlen
  1 Msp Zimt, gemahlen
  1 Msp Kreuzkümmel, gemahlen
Salz und Pfeffer nach Geschmack
  1 Msp Safranpulver

1 Reis in einem Sieb kalt abbrausen und abtropfen lassen. Korinthen in Wasser einweichen. Tomate am Stielansatz einritzen, mit kochendem Wasser überbrühen und häuten. Tomate halbieren, Stielansatz entfernen und die Tomatenhälften würfeln.
2 Butter in einem Topf erhitzen, Tomatenwürfel in der Butter anschmoren und Pinienkerne dazugeben. Brühe angießen und alles zum Kochen bringen. Reis unterrühren. Mit Pfeffer, Piment, Zimt sowie Kreuzkümmel würzen, dann salzen. Alles aufkochen lassen.
3 Gericht etwa 20 Minuten bei schwacher Hitze zugedeckt garen. Den Topf von der Kochstelle nehmen und zwischen Topf und Deckel eine doppelte Lage Küchenpapier legen, damit der Dampf davon aufgesaugt wird und der Reis schön trocken wird.

Naneli Pilav
Reis mit Minze

Falls jemand in Ihrer Familie noch keinen Reis mag, dann versuchen Sie einmal diese Variante.

200 g Langkornreis
  2 kleine Zwiebeln
  2 EL Butter
  2 EL Tomatenmark
1½ TL getrocknete Minze
400 ml Gemüsebrühe (siehe Seite 52)

1 Reis kalt überbrausen, in einem Sieb abtropfen lassen.
2 Zwiebeln schälen und klein würfeln. Butter in einer tiefen beschichteten Bratpfanne erhitzen, Zwiebeln zugeben und glasig dünsten. Dann Reis zugeben und kurz weiterdünsten.
Tomatenmark zum Reis geben und gut vermischen, dann Minze einrühren.
3 Brühe zugießen und kurz aufkochen lassen. Sobald die Brühe kocht, den Deckel aufsetzen und den Reis bei schwacher Hitze ca. 20 Minuten bissfest garen.

Tipp
Den fertigen Reis mit frischen Minzeblättern dekorieren.

Sebzeli Bulgur Pilavı
Weizengrütze mit Gemüse
(Grundrezept)

Den *Bulgur* kann man nach Belieben mit frischen Tomaten, Champignons, Frühlingszwiebeln oder anderen Gemüsesorten variieren.

- 2 grüne Spitzpaprika / Spitzpeperoni
- 1 mittelgroße Zwiebel, klein gehackt
- 15 g Butter
- 2 EL Tomatenmark
- Salz und Pfeffer nach Geschmack
- 300 ml heißes Wasser
- 150 g grober Bulgur

1 Paprika waschen, entkernen und in dünne Ringe schneiden. Zwiebeln schälen und klein hacken.
2 In einem Topf Butter erhitzen, klein gehackte Zwiebeln darin anschwitzen.
3 Tomatenmark dazugeben und etwas umrühren, Paprikaringe hinzufügen, dann Salz, Pfeffer, Wasser und *Bulgur* dazugeben und nochmals alles verrühren. Zugedeckt einmal aufkochen lassen, dann bei niedriger Hitzezufuhr weiterkochen.
4 Wenn das ganze Wasser aufgesogen ist, ist der *Bulgur* fertig.

Baharatlı Bulgur Pilavı
Pilav aus Bulgur mit Kräutern und Gewürzen

Eine weitere Variante des *Pilav* aus *Bulgur*, das durch Kräuter und Gewürze verfeinert ist und gerne serviert wird, wenn Gäste erwartet werden.

- 3 EL Olivenöl, kalt gepresst
- 1 Zwiebel, klein geschnitten
- 100 g Möhren, fein gerieben
- 2 Knoblauchzehen, zerdrückt
- 150 g grober Bulgur
- 300 ml Wasser
- Salz, Pfeffer und Paprika nach Belieben
- 20 g Sellerieblätter, klein gehackt
- 1 TL Kreuzkümmel, gemahlen
- 1 TL Thymian
- 1 Bund Petersilie, Blättchen klein gehackt

1 Im erhitzten Öl Zwiebeln, Möhren und zerdrückte Knoblauchzehen leicht anbraten.
2 *Bulgur*, heißes Wasser, Salz, Paprika, klein gehackte Sellerieblätter, Kreuzkümmel und Thymian hinzufügen, den Topf schließen und den *Pilav* 20 Minuten bei geringer Hitze kochen.
3 Den Topf vom Herd nehmen, Petersilie mit einer Gabel unterheben und den *Bulgur* vor dem Servieren noch ca. 15 Minuten ziehen lassen.

Hamur Işleri

Teigwaren

Gebäck und Ausgebackenes sind ein wesentlicher Bestandteil der türkischen Küche. In früheren Zeiten standen in jedem Haushalt ein Teigtrog, ein Brett für die Teigverarbeitung und eine Teigrolle zum sofortigen Gebrauch bereit.

Pasteten – *Börek*, süßer Blätterteig – *Baklava*, Fadennudeln – *Kadayıf* sowie diverse andere Süßigkeiten, verschiedene Sorten Brot, Teigfladen, kleine runde flache Brote, Maisbrot und gefüllte Teigtaschen wurden früher nicht in der Stadt gekauft, sondern zu Hause selbst gebacken. Das Backbrett wurde oftmals auch als Tisch benutzt.

Auch heute haben türkische Hausfrauen immer etwas *Yufka* im Haus, falls überraschend Gäste vorbeikommen sollten. Mit den unterschiedlichen Füllungen hat man schnell Köstlichkeiten gezaubert, die als Beilage oder zusammen mit Salat oder *Meze* als Hauptgericht gereicht werden können. Fladenbrot wird heutzutage täglich frisch in jedem türkischen Lebensmittelgeschäft angeboten.

Sigara Böreği
Gefüllte Teigröllchen

Wörtlich übersetzt heißt *Sigara* Zigarette. Diese Röllchen verdanken ihren Namen ihrer Form, die aber eigentlich eher an Zigarillos erinnern als an Zigaretten. Man sollte sich von dem Namen aber nicht irreführen lassen, diese Röllchen schmecken köstlich, nicht nur als Vorspeise oder zwischendurch, sondern auch schon zum Frühstück und sind schnell zubereitet. Dazu wird meistens Salat, *Ayran* oder *Çay* gereicht.

1 Bund glatte Petersilie
1 Bund Dill
200 g Schafskäse
2 Yufkablätter (es gibt für dieses Gericht auch schon vorgeschnittene Yufka-Dreiecke)
Sonnenblumenöl zum Ausbacken
100 ml Wasser

1 Petersilie und Dill waschen, trocken tupfen und fein hacken.
2 Schafskäse in einer Schüssel mit einer Gabel zerdrücken, Dill und Petersilie unter den Käse mischen.
3 Die runden Yufkablätter übereinanderlegen und vierteln. Jedes Viertel in drei gleichgroße Dreiecke schneiden.
4 Auf die langen, abgerundeten Seiten der Dreiecke je zwei Teelöffel der Käsefüllung geben. Die gegenüberliegenden Ecken dieser Seite über der Füllung einklappen und wie kleine Zigarren aufrollen. Zum Schluss die Teigspitze mit etwas kaltem Wasser bestreichen und festkleben.
5 Das Öl ca. 2 cm hoch in eine Bratpfanne füllen und erhitzen.
6 *Börek* bei hoher Hitze von allen Seiten goldbraun braten. Zum Entfetten auf Küchenkrepp legen und heiß servieren.

Patatesli Rulo
Kartoffelpastete

Kartoffeln eignen sich hervorragend für Füllungen von Teigwaren wie Pasteten, *Poaça* oder *Börek*. *Börek* sind Pasteten, die man mit fast allen Gemüsesorten, Kräutern und / oder Käse füllen kann.

1 Bund glatte Petersilie
4 mittelgroße gekochte Kartoffeln, mehlig kochend
100 g Schafskäse/Feta, zerdrückt
150 g Joghurt, mild
3 Eier, Salz und Pfeffer nach Geschmack
5 Yufkablätter
60 ml Sonnenblumenöl

1 Backofen auf 180 °C vorheizen
2 Petersilie waschen, trockentupfen und klein hacken.
3 Kartoffeln schälen und grob in eine Schüssel reiben. Käse, Petersilie, Joghurt, Eier, Salz und Pfeffer zugeben und gut vermischen.
4 Yufkablatt auf einer bemehlten Unterlage ausbreiten, mit Öl dünn bestreichen und ein zweites Yufka darüberlegen.
5 Auf dem zweiten Yufka einen Teil der Kartoffel-Käse-Mischung verteilen, das dritte Yufkablatt darauflegen, wieder mit Öl bestreichen und das vierte Yufkablatt darauflegen.
6 Wieder einen Teil der Mischung auf dem Yufka verteilen, das letzte Yufkablatt darauflegen und den Rest der Mischung darüber verteilen.
7 Gefüllte Yufka vorsichtig zu einer Rolle formen.
8 Mit einem scharfen Messer die Rolle in 1½ cm breite Stücke teilen und in eine mit Backpapier ausgelegte Backform legen.
9 Auf der mittleren Schiene in den Backofen geben und bei 150 °C ca. 10–15 Minuten goldgelb backen.

Poaça
Kleine Schafskäsebrötchen

Poaça mit *Çay* gehören wie die englische Tradition der Tea Time zum türkischen Alltag. Es gibt so gut wie kein gemütliches Beisammensein oder keine Einladung zum Tee ohne *Poaça*.

Für den Teig:

   1 Würfel frische Hefe (42 g)
250 ml warme Milch
   ½ kg Weizenmehl, Typ 405
   1 Eiweiß
125 ml Öl
   2 TL Salz, 1 TL Zucker
   2 Eigelb
   2 TL Sesamsamen, geschält
   2 TL Schwarzkümmel

Für die Füllung:

je 1 Bund glatte Petersilie und Dill
250 g türkischer Feta/Schafskäse

1 Den Backofen auf 200 °C vorheizen. Für den Teig Hefe in einer Schüssel zerbröseln, 1–2 EL Milch zugeben und die Hefe darin auflösen.
2 Nach und nach Mehl, Eiweiß, Öl, Salz und Zucker und restliche Milch zugeben und gut verkneten, bis der Teig eine weiche Konsistenz bekommt (»wie ein Ohrläppchen«). Teig mit einem Tuch bedecken und eineinhalb Stunden ruhen lassen.
3 Für die Füllung Petersilie und Dill waschen, trocken tupfen und fein hacken. Fetakäse in einer Schale gut zerdrücken, Petersilie und Dill zugeben und gut vermischen.
4 Vom Teig Stücke in der Größe eines kleinen Eis abtrennen, zu einer Kugel formen und diese auf einer leicht bemehlten Unterlage zu einer kleinen Teigplatte auswellen (Durchmesser ca. 8 cm).

5 Mit einem Teelöffel die Füllung in die Teigmitte legen und zu den Rändern hin verteilen. Nun den Teig zusammenklappen und die Ränder sehr fest zusammendrücken damit sie sich im Backofen nicht öffnen. Anschließend die Teigtaschen, auf ein mit Backpapier belegtes Blech legen.
6 Teigtaschen mit Eigelb bestreichen, mit Sesam und Kreuzkümmel bestreuen und im Backofen auf der mittleren Schiene bei 200 °C backen, bis sie goldgelb sind.

Ispanaklı Börek
Teigblätter mit Spinatfüllung

500 g frischer Blattspinat
   2 Zwiebeln
2–3 EL Butter
Salz, Pfeffer nach Geschmack
   2 TL Rosenpaprikapulver

Für die Joghurtsauce:

125 g Butter
   ¼ l Milch
150 g Joghurt
   3 Eier

150 g Yufkablätter

1 Backofen auf 180 °C vorheizen.
2 Spinat gründlich waschen, trocknen und klein hacken. Zwiebeln schälen und reiben.
3 Butter in eine Bratpfanne geben, Zwiebeln darin glasig andünsten. Spinat zugeben und bei kleiner Hitzezufuhr weiterdünsten, bis die Flüssigkeit aus dem Gemüse verdunstet ist. Anschließend mit Salz, Pfeffer und Rosenpaprikapulver abschmecken.

(Weiter auf Seite 91)

4 Für die Sauce Butter in einer Bratpfanne zerlassen, Milch und Joghurt verrühren, Eier hineinschlagen und verrühren. Die Mischung zur Butter geben und gut verrühren.

5 Backpapier auf ein Backblech legen. Ein Yufkablatt darauflegen; falls es überlappt, Teig mit den Fingerspitzen etwas zusammenzuziehen.

6 Auf das Yufkablatt etwas Spinat geben und das Ganze mit Joghurtsauce beträufeln. Mit einem weiteren Yufkablatt bedecken und weiter so verfahren. Zum Abschluss noch etwas Joghurtsauce auf das oberste Blatt geben.

7 Backblech auf der mittleren Schiene in den Backofen schieben und Börek ca. 25–30 Minuten goldgelb backen.

Tipp

Um zu verhindern, dass die Börek austrocknen, nach dem Backen ein sauberes, feuchtes Küchentuch über das Backblech legen und ca. 10 Minuten ziehen lassen.

Kabak Böreği
Blätterteigpastete mit süßer Kürbisfüllung

Der Kürbis hat eine über 8000 Jahre alte Geschichte und Tradition; er stammt ursprünglich aus Südamerika. Fast alles am Kürbis lässt sich verwenden. Aus den Samen wird Kürbiskernöl hergestellt und aus dem Kürbisfleisch lassen sich sehr leckere Gerichte zubereiten.

◀ Blätterteigpastete mit süßer Kürbisfüllung

Für den Teig:

200 g Mehl (Typ 405)
  1 Ei
1½ EL Zucker
  3 EL Sonnenblumenöl
  2 TL Salz
 10 g Butter
  1 Eiweiß, 1 Eigelb

Für die Füllung:

300 g Kürbisfleisch
150 ml Wasser
150 g Zucker
 70 g gemahlene Walnüsse

1 Backofen auf 180 °C vorheizen.

2 Mehl in eine Schüssel geben und Ei, Zucker, Öl und Salz dazugeben. Daraus einen geschmeidigen Teig kneten und unter einem feuchten Küchentuch 15 Minuten ruhen lassen.

3 Kürbis schälen, Kerne entfernen und Kürbisfleisch in mittelgroße Würfel schneiden (sollte 300 g ergeben). Kürbiswürfel mit Wasser und Zucker in einen Topf geben und kochen, bis der Kürbis gar ist, abkühlen lassen und die Kürbiswürfel in der Garflüssigkeit mithilfe einer Gabel zerdrücken.

4 Teig auf einer bemehlten Arbeitsfläche ½ cm dünn zu einem Rechteck ausrollen, Butter zerlassen, den Teig damit bestreichen, zusammenklappen und nochmals zu einem dünnen Rechteck ausrollen.

5 Kürbis und Walnüsse vermischen, auf dem Teig verteilen und die Ränder mit dem Eiweiß bestreichen. Zu einer langen Rolle aufrollen und die Ränder fest andrücken.

6 Teig wie eine Schnecke formen und auf ein mit Backpapier belegtes Backblech setzen, mit Eigelb bestreichen und 30 Minuten auf der mittleren Schiene backen.

Tatlılar

Desserts

Die Türken lieben ihre Süß-
speisen. Es gibt eine vielfältige
Auswahl mit außergewöhnlichen
Namen wie »Frauennabel« und
»Die Lippen einer schönen Frau«.
Einige Süßspeisen sind für den
deutschen Geschmack etwas zu
süß, daher empfehle ich die
Zuckerzugabe einfach zu redu-
zieren.

Keşkül
Mandelmilchcreme

Keşkül ist eine Milchcreme, die mit Mandeln und Pistazien zubereitet wird, aber auch mit Kokosraspel hervorragend schmeckt.

250 g	Mandeln, fein gerieben
1 l	Milch
100 g	Reismehl
300 g	Zucker
100 g	Kokosraspel
1 Msp	Salz
100 g	Pistazien, gehackt

1 150 g der Mandeln mit 200 ml kalter Milch verrühren, restliche Milch zum Kochen bringen.
2 Reismehl mit etwas Wasser dickflüssig anrühren und in die kochende Milch geben.
3 Zucker und kalte Mandelmilch in die Milch rühren.
4 Kokosraspel unterziehen und unter ständigem Rühren bei niedriger Hitze zu einem dicken Brei kochen, zum Schluss salzen.
5 In Dessertschalen füllen, erkalten lassen und jeweils die eine Hälfte jeder Portion mit geriebenen Mandeln und die andere mit den Pistazien bestreuen.

Muhallebi
Pudding aus Reismehl

Eine klassische türkische Süßspeise, die sehr einfach und schnell zuzubereiten ist.

1 l	Milch
50 g	Reismehl
150 g	Zucker
1 Msp	Salz
40	gehackte Nüsse, z. B. Haselnüsse, Walnüsse / Baumnüsse etc. oder Mandeln
1 TL	Zimt, gemahlen

1 Milch zum Kochen bringen und etwas abkühlen lassen.
2 Reismehl, Zucker und Salz in die Milch rühren und bei geringer Hitze unter ständigem Umrühren 30 Minutern köcheln lassen, bis die Mischung andickt.
3 In Dessertschalen gießen, mit Nüssen und Zimt bestreuen.

Tipp
Einen besonderen Pfiff bekommt *Muhallebi* wenn man etwas Schlagsahne/-rahm unterrührt.

Kabak Tatlısı
Kürbis-Nachspeise

Für diese Süßspeise eignen sich viele Kürbissorten. Jede entwickelt natürlich ein anderes Aroma nach der Zubereitung. Die für dieses Rezept angegebenen Sorten können alle drei sehr gut zum Kochen, Backen, Braten und Dünsten verwendet werden. Beim Hokkaido-Kürbis kann die zarte Schale sogar mitgegessen werden.

500 g	**Kürbisfleisch (von Hokkaido-,**
	Butternuss- oder Halloween-Kürbis)
4	**EL Zucker**
25 g	**Butter**
2	**Streifen dünn abgeschälte Schale**
	einer unbehandelten Orange
ca. 100 g	**grob zerstoßene Walnüsse**
100 g	**Walnusskerne**

1 Kürbis vierteln, Innenteile und Kerne entfernen. Die Viertel je nach Sorte schälen und das Kürbisfleisch quer in 5 cm breite Streifen schneiden.
2 Kürbisstücke nebeneinander in einen Topf legen und mit Zucker bestreuen, zugedeckt über Nacht im eigenen Saft ziehen lassen.
3 Kürbisstücke in eine tiefe Bratpfanne geben, Orangenschalen und Butter zugeben. Aufkochen lassen und bei schwacher Hitze in etwa 30 Minuten weich kochen. Im Sud erkalten lassen.
4 Die Kürbisstücke abtropfen lassen, auf einer Platte anrichten, etwas Sud angießen und jedes Stück mit den zerstoßenen Walnüssen bestreuen. Ganze Walnusskerne zur Dekoration verwenden.

Tipp
Es eignen sich auch Haselnüsse, Pistazien oder Korinthen zum Bestreuen der Kürbisstücke.

Künefe
Dessert mit Fadennudeln

Künefe wird aus *Kadayif*, dünnen Fadennudeln, auch Engelshaar genannt, gemacht. Das sind dünne Teigfäden, die an Glasnudeln erinnern, die auf ein heißes Blech aufgebracht werden, um schließlich zu diversen Desserts verarbeitet zu werden.

450 g	**Zucker**
350 ml	**Wasser**
2	**TL Zitronensaft**
375 g	**ungesalzener weißer Käse**
	(Dil Peyniri, siehe Seite 32)
200 g	**Butter**
500 g	**Tel Kadayif (Fadennudeln)**

1 Backofen auf 100 °C vorheizen.
2 Zucker und Wasser in einen Topf geben, zum Kochen bringen, 10 Minuten kochen. Zitronensaft hinzugeben, kurz weiterkochen und vom Herd nehmen und den Sirup abkühlen lassen.
3 Käse in Fasern zerrupfen.
4 Butter in einem Backblech mit 30 cm Seitenlänge zergehen lassen und auch die Ränder mit der Butter bestreichen. *Kadayif* auf das Backblech geben und mit den Händen reiben, um die einzelnen Fäden voneinander abzulösen, und damit sich die Butter gut mit dem *Kadayif* verbinden kann.
5 Die Hälfte des *Kadayif* vom Backblech nehmen und beiseitestellen. Die andere Hälfte mit den Händen kräftig ins Backblech drückend verteilen.
6 Käse daraufgeben und beiseitegestellten *Kadayif* auf dem Käse verteilen.
7 In den Backofen geben und etwa 30 Minuten goldbraun backen.
8 Aus dem Backofen holen und 1–2 Minuten abkühlen lassen und mit dem Sirup begießen.

Zerde
Süßer Safranreis

Zerde wird in vielen Gegenden der Türkei nur an besonderen Festtagen aufgetragen. Diese sind zum einen die beiden großen religiösen Feste, *Ramazan Bayramı*, das Fest des Fastenbrechens, und der *Kurban Bayramı*, das Opferfest.
Oder es sind wichtige Ereignisse im Leben wie Geburten, Hochzeiten und alle anderen Tage, die für einen aus dem einen oder anderen Grund festlich sind.

125 g Milchreis
1¼ l Wasser
150 g Zucker
   1 Tütchen Safranfäden
      (alternativ: 1 g Safranpulver)
   3 EL heißes Wasser
   1 EL Speisestärke
   1 Granatapfel
  50 g Pinienkerne
  50 g weiche Rosinen
   2 EL Rosenwasser

1 Reis in einem Sieb kalt abspülen, abtropfen lassen und mit Wasser und Zucker aufkochen, dann bei schwacher Hitze etwa 25 Minuten garen.
2 Safran im heißen Wasser 5 Minuten einweichen bzw. auflösen und unter den Reis rühren.
3 Speisestärke mit wenig kaltem Wasser glattrühren und mit dem Schneebesen unter den Reis mischen, aufkochen, bis der Reisbrei eindickt. Wird er zu fest, noch ca. ⅛ l Wasser unterrühren und kurz aufkochen.
4 Reis in Dessertschälchen füllen und erkalten lassen.
5 Granatapfel rund um den Blütenansatz mit einem scharfen Messer einschneiden und die Schale wie einen Deckel abnehmen. Schale von oben nach unten einschneiden, dann lässt sich die Frucht aufbrechen. Nun die süßen Kerne aus den Fruchtkammern herauslösen.
6 Pinienkerne in einer Bratpfanne ohne Fett leicht anrösten.
7 Rosinen heiß waschen und trocken tupfen.
8 Jede Reisportion dekorativ mit Rosinen, Pinien- und Granatapfelkernen garnieren und mit etwas Rosenwasser beträufeln.

Oben: Süßer Safranreis; unten: Frauennabel und Lippen einer schönen Frau (Seite 98) ▶

Dilber Dudağı
Die Lippen einer schönen Frau

Dieses Gebäck verdankt seinen Namen seiner Form und wurde schon von den Sultanen gerne gegessen.

Für den Sirup:
1 l Wasser
500 g Zucker
Saft von ½ Zitrone

Für den Teig:
150 g   Butter
650 ml Wasser
450 g   Mehl (Typ 405)
   5 Eier
   1 Msp Salz
250 ml Sonnenblumenöl
200 g   gemahlene Pistazien

1 Für den Sirup Wasser und Zucker zum Kochen bringen, 10 Minuten zu einem leichten Sirup kochen, dann den Zitronensaft zugeben und kalt stellen. Falls notwendig abschäumen.
2 Für den Teig Butter in einem Topf zerlassen, Wasser zugießen und aufkochen lassen. Nach und nach Mehl einstreuen und 10 Minuten weiterkochen, vom Herd nehmen und abkühlen lassen.
3 Eier (eins nach dem anderen) und Salz zugeben und gut verkneten.

4 Aus dem Teig walnussgroße Kugeln formen und in der Mitte längs mit dem Finger etwas eindrücken, sodass die Form von Lippen entsteht.
5 Öl in einer Bratpfanne erhitzen und die »Lippen« von beiden Seiten goldbraun ausbacken.
6 Sirup über die »Lippen« gießen und 15 Minuten einziehen lassen.
7 Zum Schluss den Spalt der »Lippen« vorsichtig mit Pistazien bestreuen.

Variante:
Das Rezept »Frauennabel« wird mit demselben Teig zubereitet. Nur drückt man die Teigkugeln flach und bringt in der Mitte eine Vertiefung an, in die man jeweils eine Haselnuss gibt. Die weitere Zubereitung ist wie im obigen Rezept beschrieben. Wer mag, kann dem Sirup noch einen Teelöffel gemahlenen Zimt zugeben.

Aşure
Noahs Suppe

Aşure ist ein besonderes Gericht, das viel Symbolik beinhaltet. In der Regel wird diese Süßspeise in der *Aşure*-Woche am 10. Tag des Monats *Muharrem* des islamischen Mondkalenders gekocht. Nach islamischem Glauben geht dieser Brauch zurück auf Noah. Es soll daran erinnern, wie Noah nach der Sintflut aus den noch verfügbaren Lebensmitteln eine Mahlzeit kochte. Wichtig ist, reichlich *Aşure* zu kochen und es an Freunde, Nachbarn und Verwandte zu verteilen und sich gegenseitig zu segnen.

150 g	**Döğme (spezieller Weizen für Aşure aus dem türkischen Lebensmittelladen)**
je 100 g	**weiße Bohnen und Kichererbsen**
ca. 3 l	**Wasser**
100 g	**getrocknete Aprikosen**
100 g	**getrocknete Pflaumen und / oder Feigen**
1	**Orange (alternativ: Apfel)**
100 g	**Sultaninen**
1 l	**Wasser**
400 g	**Zucker**
2 EL	**Speisestärke**
200 ml	**Wasser**
1 TL	**Zimt**
1 EL	**Rosenwasser**
150 g	**gehackte Walnüsse**
100 g	**gehackte Mandeln**
je 100 g	**Haselnüsse und Granatapfelkerne**

1 Am Vortag Weizen, Bohnen und Kichererbsen jeweils in so viel Wasser, dass sie gut bedeckt sind, über Nacht einweichen.
2 Am nächsten Tag Weizen, Bohnen und Kichererbsen separat jeweils 30 Minuten in je 1½ l Wasser kochen. Wasser abseihen und die Schalen der gekochten Bohnen abziehen.
3 Aprikosen und Pflaumen waschen und klein schneiden, Orange schälen, filetieren und in kleine Stücke schneiden, Sultaninen waschen.
4 Nun Weizen, Bohnen, Kichererbsen, Orangen, Aprikosen, Pflaumen und Sultaninen in einen großen Topf geben, Wasser und Zucker zugeben und alles zum Kochen bringen. Ca. eine halbe Stunde kochen lassen, bis die Bohnen gar sind, dabei häufig umrühren.
5 Stärkemehl mit Wasser anrühren und dazugeben. Nach der Zugabe von Stärke dickt die Masse ein. Bei Bedarf noch gekochtes, heißes Wasser hinzufügen, bis die Speise die Konsistenz einer dickflüssigen Suppe bekommt.
6 15 Minuten weiterköcheln lassen, vom Herd nehmen, mit Zimt und Rosenwasser abschmecken.
7 Zum Schluss in Dessertschälchen geben, vorsichtig Nüsse unterheben und mit Granatapfelkernen dekorieren.

Içecekler

Die Getränke

Ayran
Joghurtgetränk

Ayran ist ein Erfrischungsgetränk, das hauptsächlich aus Joghurt und Wasser besteht.
Joghurt und Wasser werden im Verhältnis 2 : 1 bis 1 : 1 mit etwas Salz schaumig gerührt. Man kann Ayran auch mit Zitronenmelisse, Pfefferminze oder Basilikum aromatisieren.
Ayran schmeckt sehr erfrischend, wird gekühlt serviert und ist sehr gut gegen den Durst an heißen Tagen. Traditionell wird in der ländlichen Türkei einem ankommenden Gast zur Begrüßung ein Glas Ayran angeboten.

Çay
Tee

Am Ende des Osmanischen Reichs stellte der Kaffeelieferant Jemen den Kaffeeexport in die Türkei ein und das eigentliche Nationalgetränk, der Mokka, wurde zur Mangelware. Unter Atatürk wurde nach Ersatz gesucht und es wurde entdeckt, dass die Schwarzmeerregion sich hervorragend für den Anbau von Tee eignet. So kam es, dass der Çay in Sachen Beliebtheit dem Kahve den Rang ablief und zum neuen Nationalgetränk der Türkei wurde.
Çay wird zu jeder Gelegenheit und zu jeder Tages- und Nachtzeit angeboten und getrunken, ist kräftig im Aroma und hat eine rötliche Aufgussfarbe. Gekocht wird Çay in einem Çaydanlık, das sind zwei Kannen, die übereinandergestellt werden, oder in einem Semaver (Samowar). Das Prinzip ist bei beiden Varianten das gleiche.

Zubereitung: In die obere Kanne werden pro Teeglas 1 TL Teeblätter plus einem zusätzlichen Löffel für die Kanne hineingegeben, das Ganze wird mit warmem oder heißem Wasser aufgegossen und das Wasser dann wieder abgeschüttet, sodass die Teeblätter feucht sind und ihnen der bittere Geschmack etwas genommen wird.
Die untere und größere Kanne wird mit Wasser gefüllt und dieses zum Kochen gebracht.
Beide Kannen werden aufeinandergestellt. Während das Wasser kocht, entfalten die Teeblätter bereits in der oberen Kanne ihr Aroma.
Das kochend heiße Wasser aus der unteren Kanne wird in die obere Kanne umgegossen und in der unteren Kanne frisches Wasser zum Kochen gebracht. Dann lässt man den Tee bei geringer Hitzezufuhr 15–20 Minuten ziehen.
Teekenner trinken ihren Tee in kleinen tulpenförmigen Teegläsern, in die der Tee durch ein Teesieb gegossen wird. Hierbei wird in jedes Teeglas etwas von dem Teekonzentrat gegossen und je nach Geschmack mit dem kochenden Wasser verdünnt.

Tipp
Dem Teekonzentrat noch frische Minze, getrocknete Nelken oder eine Prise Kardamom zugeben – das ergibt ein köstliches Teevergnügen!

Kahve
Türkischer Mokka

Türkischer *Kahve* hat einen eigenen Geschmack, eine eigene Persönlichkeit und eine alte Tradition. Er ist das Symbol der gesellschaftlichen Begegnung. Nach einem gemeinsamen Essen wird die Mahlzeit mit einem Kaffee beschlossen. Hält man um die Hand seiner Liebsten an, bietet diese ihrem Zukünftigen und allen anderen Anwesenden einen *Kahve* an. *Kahve* zu trinken ist genauso wie seine Zubereitung ein feierliches Ritual.

Der *Kahve* ist ein spezieller Mokka, der sehr fein gemahlen und auf ganz besondere Weise zubereitet wird. Er wird in einer *Cezve*, einer zylinderförmigen Kupferkanne mit Stiel, zubereitet und serviert. Dabei kann man aus drei Zubereitungsarten wählen: *Sade* heißt ungezuckert, *orta* bedeutet mittel, also wenig Zucker, und *şekerli* bedeutet süß.

Zubereitung: Auf kleiner Flamme und unter ständigem Rühren gleichzeitig 1 Teelöffel Mokka mit 1 Tasse Wasser und Zucker (Menge je nach Geschmack) erhitzen. Kocht die Flüssigkeit schäumend auf, verteilt man den Schaum in kleine Mokkatassen. Dann den *Kahve* noch einmal bei kleiner Flamme leicht aufkochen und in die Mokkatassen gießen.
Wichtig ist, dass zu jedem türkischen Mokka auch ein Glas Wasser serviert wird.

Rakı
Anisschnaps

Unter den alkoholischen Getränken ist *Rakı* bei den Türken unumstritten das beliebteste Getränk. Man trinkt *Rakı* nicht, man zelebriert den etwa 45%igen klaren Anisschnaps. *Rakı* wird oft in geselliger Runde und nie ohne mindestens 2–3 Häppchen getrunken. Schafskäse, Honigmelone und/oder ein Salat sind die einfachsten Beigaben zum *Rakı*-Genuss. Möchte man einen richtigen *Rakı*-Abend genießen, gehört eine reich gedeckte Tafel unbedingt dazu. *Rakı* schmeckt während der Mahlzeit zu allen Gängen und wird in der Regel mit etwa $2/3$ Wasser am Tisch verdünnt, er wird dann milchig-trüb (wie Pernod). Daher wird der *Rakı* im Volksmund auch gerne *Aslansütü* – Löwenmilch – genannt.

Şerefe! Zum Wohl!

Yemek Tarifleri

Rezeptverzeichnis

Ana yemekler

Pirinç ve Bulgur Yemekleri

Hamur Işleri

Tatlılar

Içecekler

Grundrezepte

Salate

Kalte Vorspeisen

Suppen

Vegetarisches aus aller Welt

Indisch vegetarisch

von Sushila Issar und Mrinal Kopecky,
127 S., 83 Farbfotos, ISBN 978-3-7750-0352-0.
Indiens Küche ist eine unerschöpfliche Quelle vegetarischer Köstlichkeiten. Eine Auswahl von über 100 Originalrezepten mit Warenkunde und Tipps für die Zubereitung zu Hause.

Koreanisch vegetarisch

von Yi Yang-Cha und Armin E. Möller, 125 S.,
78 Farbfotos, ISBN 978-3-7750-0457-2.
Mit viel Gemüse, Fantasie und etwas Reis wird in Korea gekocht – ein Schlaraffenland nicht nur für Vegetarier. Eine fast noch unbekannte Küche, die es zu entdecken lohnt. Hier werden Familienrezepte verraten und neue Genüsse kreiert.

Risotto

30 köstliche vegetarische Rezepte aus der italienischen Küche von Ursula Ferrigno, 64 S., 54 Fotos,
ISBN 978-3-7750-0371-1.
Leckere und schnelle Rezepte, die Lebenslust und Esprit der italienischen Küche auf den Tisch zaubern. Riso, brodo und condimenti – die richtigen Zutaten für einen perfekten Risotto.

VegItalia

Vegetarisch & echt italienisch, schnell – einfach – köstlich von Ursula Ferrigno, 224 S., 130 Farbfotos,
ISBN 978-3-7750-0338-4.
Klassische Sammlung authentischer vegetarischer Rezepte aus Italien, die einfach nachzuvollziehen sind: großartiges italienisches Essen – voller Geschmack und gut für die Gesundheit. Die 125 köstlichen Rezepte werden ergänzt durch eine Warenkunde, die »italienische Vorratskammer«.

Weitere Informationen über Bücher für Genießer erhalten Sie kostenlos beim
Walter Hädecke Verlag

Postfach 1203 · 71256 Weil der Stadt b. Stuttgart
Fax +49(0) 70 33 / 138 08 13
E-Mail info@haedecke-verlag.de

Bücher für Genießer

Küchen der Medina
Familienrezepte aus Nordafrika
von Fiona Dunlop, 192 S., 135 Farbfotos,
ISBN 978-3-7750-0520-3.
Küchengeheimnisse des Orients: Rezepte aus 1001 Nacht mit scharfen Gewürzen, getrockneten Früchten, Zitronen und bündelweise frischen Kräutern.

Rosen
für Küche, Schönheit & Wohlbefinden
von Ingrid Rosa Schindler, 121 S., 94 Farbfotos,
ISBN 978-3-7750-0530-2.
Die Blume der Liebe ist immer ein Genuss – nicht nur zum Ansehen und Riechen, auch als Zutat in den Wohlfühl-Rezepten aus der Küche, für die Schönheit und die Gesundheit.

Brasilianisch feiern – Festa Brasileira
von Monika Graff und Dr. Michael Kosminski,
136 S., 120 Farbfotos, Buch mit Musik-CD,
ISBN 978-3-7750-0441-1
Für eine echte »Festa Brasileira« braucht man gutes Essen, Getränke und mitreißende Musik. Das Buch bietet hierfür authentische Rezepte und eine beigelegte CD mit Sambamelodien berühmter Interpreten, dazu Reisetipps von Rio bis Bahia und literarische Zitate vom Lieben, Leben und Genießen in Brasilien.

Das Große Buch der Hundert Gewürze und Kräuter
von Philippe Notter, Lucas Rosenblatt, Judith Meyer und Armin Zogbaum, 224 S., 93 Gewürz-Porträts, zahlreiche Farbfotos in der Warenkunde und 46 ganzseitige Rezeptfotos, ISBN 978-3-7750-418-3.
Umfassendes Grundlagenwerk über Gewürze und Kräuter: Entdecken Sie die Geschmacks- und Gewürzvielfalt in der Küche! Mit Gewürzlexikon, Grundrezepten für Würzmischungen sowie mit Rezepten aus Asien, Südamerika, Afrika und aus dem Mittelmeerraum.